# 元代經略東北考

[日]箭内亘◎著
陳捷 陳清泉◎譯

山西出版傳媒集團
山西人民出版社

## 圖書在版編目(CIP)數據

元代經略東北考 /［日］箭内亘著；陳捷，陳清泉譯．—太原：山西人民出版社，2015.9(2024.2重印)
(近代海外漢學名著叢刊 / 鄭培凱主編)
ISBN 978-7-203-09200-1

Ⅰ．①元… Ⅱ．①箭… ②陳… ③陳… Ⅲ．①東北地區－地方史－研究－元代 Ⅳ．①K293

中國版本圖書館CIP數據核字(2015)第192789號

# 元代經略東北考

叢刊主編　鄭培凱
著　　者　［日］箭内亘
譯　　者　陳　捷　陳清泉
責任編輯　梁晋華
助理編輯　郭向南

出 版 者　山西出版傳媒集團·山西人民出版社
地　　址　太原市建設南路21號
郵　　編　030012
發行營銷　0351－4922220　4955996　4956039
　　　　　0351－4922127(傳真)
天猫官網　https://sxrmcbs.tmall.com　0351－4922159(電話)
E－mail　sxskcb@163.com　發行部
　　　　　sxskcb@126.com　總編室
網　　址　www.sxskcb.com

經 銷 者　山西出版傳媒集團·山西人民出版社
承 印 廠　山西出版傳媒集團·山西新華印業有限公司

開　　本　700mm×970mm　1/16
印　　張　10.75
字　　數　81千字
版　　次　2015年9月　第一版
印　　次　2024年2月　第二次印刷
書　　號　ISBN 978-7-203-09200-1
定　　價　54.00圓

# 近代海外漢學名著叢刊編委會名單

# 出版説明

近代海外漢學名著叢刊選取一九四九年以後未再刊行之近代海外漢學作品，編例如次：

一、本叢書遴選之作品在相關學術領域具有一定的代表性，在學術研究方嚮、方法上獨具特色。

二、爲避免重新排印時出錯，本叢書原本原貌影印出版。影印之底本皆經專家組審定，原書字體大小、排版格式均未做大的改變。

三、爲使叢書體例一致，本叢書前言、後記均采用繁體字排版。

四、個别頁碼較少的版本，爲方便裝幀和閱讀，進行了合訂。

五、少數作品有個别破損之處，編者以不改變版本内容爲前提，部分進行修補，難以修復之處保留缺損原狀。

六、原版書中個别错訛之處，皆照原樣影印，未做修改。

由於叢書規模較大，不足之處，在所難免，殷切期待方家指正。

# 總序／温故而知新

晚清以來，西力東漸，西方文化思想的著作也大量譯成中文，最著名的如嚴復與林紓的譯著，影響了整個二十世紀中國的知識界與文學界，使得中國文化的思維脈絡爲之丕變。除了西方思想經典、文學與實證科學著作的翻譯，以實證方法系統化探討中國文史的域外漢學，也對中國學術思想界産生了莫大衝擊，改變了中國學術的著述方法與取嚮。

中國傳統的知識結構，是按經史子集四庫分類的，以儒家意識形態的經學爲文化知識的砥柱，以史學爲貫串歷史經驗的殷鑒，至於子部與集部，則是作爲保存文獻、擴大知識面的附帶知識，可以耽情冥想，可以悠遊玩賞，却都是邊緣化的知識，無關聖教的弘揚，無關文化精髓的宏旨。西方文藝復興之後的現代學術體系，在知識分類上，與中國傳統大相徑庭，講究系統分科，不同知識領域各有其客觀存在的價值，有其相對獨立的目的與標準。日本知識界在明治維新以來，鑒於東方文明落後於西方的船堅炮利，率先效法西方，在追求「文明開化」、「脱亞入歐」的過程中，爲日本學術發展循着現代西方的體例，建立了哲學、文學、歷史學、經濟學、法學、商學、物理學、化學、地質學、醫學、農學、工程學、植物學、動物學等等新型學科，企圖與西方學術齊頭並進，從而影響了中國近代學術體系的發展。

本叢刊選印二十世紀上半葉出版的漢學譯著近百册，分爲三大類：「歷史文化與社會經濟」、「古典文獻與語言文字」、「中外交通與邊疆史」，反映民國時期學術界重視西方及日本漢學研究的成果，藉助他山之石，重新審視中國傳統歷史文化的意義，特别是開拓了傳統學術忽略的領域。五四新文化運動以來，中國學者如蔡元培、胡適都提倡「整理國故」，以理性實證的方法，對中國文化傳統做出系統化的研究，是與這些漢學譯著相輔相成的。這些譯著除了介紹域外漢學的成果，還引進了嶄新的學術研究方法與視角，有助於梳理中國文化傳統的脈絡，重新整合知識結構與學術體系。雖然這些學術著作不是中國學者的成就，無法納入二十世紀中國文史學術的主脈，但是從中文譯本的影響而言，起碼也應當視爲中國近代學術發展的支脈或潛流，不容忽視。可惜的是，到了二十世紀下半葉，因爲兩岸政治形勢的變化，這些漢學譯著，除了部分因王雲五重新入主臺灣商務印書館，而得以在臺灣做了少量的重印，在大陸的出版界，則完全受到遺忘，甚至在許多新成立的大學圖書館中也不見踪影。我們搜集了近百冊塵封的漢學譯著，呈現給二十一世紀的中國學術界，一方面是爲了銘記前人爲推展學術而做出的努力，另一方面也是爲了提醒新常態時期的學人，學術發展有其歷史累積的脈絡，可以從中汲取歷史經驗，温故而知新。

説到「温故知新」與這批早期漢學譯著的關係，可以從兩個方面來思考，以見翻譯域外漢學如何反映了時代精神，爲融匯東西方學術思維，重新闡釋中國文化傳承，做出不可磨滅的貢獻。一是域外漢學的研究對象，以中國歷史文化典籍爲主，屬於中西文化碰撞期間興起的「國學」範疇，與五四新文化人物提倡的「整理國故」運動若合符節。研究中國歷史文化，並賦予新的學術意義，是清末民初知識精英念兹在兹的心結。歷史發展走到一個環節，時代的狂風揚起了批判傳統的大旗，風中的英雄幫着推波助瀾，却又無時或忘自己民族文化主體的未來，糾纏於「傳統」能否「現代」的困境。域外漢學的出現，以西方實證方法研究中國歷史文化傳統，綜合東西方各種語言文字材料，擴大了研究國學的眼界，即使無法打開中國文化傳統是否走到盡頭的心結，至少是提供了一個解惑的方嚮，在大霧彌漫的夜晚，看到了依稀渺茫的星光。

二是翻譯域外漢學，有一種以子之矛攻子之盾的吊詭作用，逐漸化解了中國文化思維中的自大心理與封閉心態，讓唯我獨尊的國粹基本教義派解除武裝到牙齒的盔甲，轉而吸收並接受西方實證研究的學風。民國期間新式教育制度的推行、學術體系的變化、大學學術專業的創建，具體到北京大學國學門的成立，中央研究院規劃歷史、語言、考古的研究領域，都與翻譯域外漢學背後的旨意是息息相關的。因此，重新閱覽這批民國期間的漢學譯著，對二十一世紀的現代學人來說，温故而知新，不但可以窺知民國學人追求新知的心理狀態，也會刺激吾人反思，認真思考學術研究方法與中國學術發展的前景，更進一步，探索文化傳統的重新闡釋與新知介入的關係。知識體系的變化當然與傳統的重新闡釋有關，是外爍的影響大呢，還是內因變化的成分居多？

論語·爲政記載孔子說：「温故而知新，可以爲師矣。」歷代解經，對這個「爲師」的道理，有兩種相近似但又取嚮不同的解釋。朱熹四書集注說：「故者，舊所聞。新者，今所得。言學能時習舊聞而每有新得，則所學在我而其應不窮，故可以爲人師。若夫記問之學，則無得於心而所知有限，故學記譏其不足以爲人師，正與此意互相發也。」雖然朱熹把知識分爲「舊所聞」與「新所得」，强調的却是「學而時習之」，從中生發新的心得，也就是從詮釋舊典中得到新知。這個説法與朱熹在鵝湖之會以後，作詩唱和，寫給陸九淵的詩句，「舊學商量加邃密，新知涵養轉深沉」，异曲同工，是一個意思，萬變不離其宗，舊學與新知是同一個脈絡的知識學理。

然而，有些朱熹之前的經學家，解釋「温故知新」，却有不同的取嚮。皇侃論語義疏就説：「故，謂所學已得之事也。所學已得者則温尋之不使忘失，此是月無忘其所能也。新，謂即時所學新得者也。知新，謂日知其所亡也。若學能日知所亡，月無忘所能，此乃可爲人師也。」皇侃明確説到，「故」指的是過去所學的知識，而「新」則指的是新近學到的知識，新舊結合，相互發明，就可以「爲人師」了。邢昺論語注疏循着皇侃的思路，也説：「言舊所學得者，温尋使不忘，是温故也。素所未知，學使知之，是知新也。既温尋故者，又知新者，則可以爲人師也。」這裏講的「素所未知」，就不衹是研讀舊學，有了新的體會，從過去的傳統中發展出的「新知」，而是從來没聽過、没想過的新學問了。這種「素所未知」的新學問，結合「舊所聞」，對習以爲常的知識框架，就會産生巨大的衝擊，而出現飛躍性的結構變化。知識内容或許大體沿襲傳統，知識結構却得以重新整合，出現嶄新的認知系統，重新審視自己文化傳統的意義，打開文化傳承的新局面。二十世紀上半葉的漢學譯作，就發揮了這樣的作用，促使中國學者放棄自我中心的文化態度，從各種不同側面，探知中國歷史文化的光譜，以域外（或是全球）的角度觀測中國傳統，摇動了文化的萬花筒，看到七彩繽紛的中國。

嚴復在甲午戰争之後，改良變法思想風起雲涌之時，開始大量翻譯西方思想經典著作，是有感於國人（特别是傳統文化孕育的知識精英）思維系統封閉，企圖介紹實證新知，引進邏輯思維的方法，以破除儒學之道「一以貫之」與「放之四海而皆準」的虚妄。他翻譯天演論，在序文中提到，有人歸納東西方學術思想，認爲中國文化重精神，是形而上之學，立意高超，而西方文化重物質，是形而下之學，祇追求功利的回報。他認爲，這種自以爲是的蒙昧態度，陷入傳統舊學的框囿而不自知，没有自我反思的能力，無法吸收「素所未知」的新知識，也就無法開展並弘揚自己的文化傳統。嚴復非常清楚他翻譯西方經典的目的，是爲了介紹新知，打破中國傳統思維的封閉性，但是，作爲披荆斬棘的拓荒人，他深知思想封閉者的頑固心理，必須因勢利導，以免遭到盲目衛道之士的攻訐。嚴復有其防身的策略，不會像許褚戰馬超那樣赤膊上陣，而是以桐城文章譯述赫胥黎、斯賓塞、穆勒、亞當·斯密、孟德斯鳩，博得晚清知識精英的贊許，文章深閎而傳入了新知義理。從文化變遷的角度而言，通過翻譯，以迂迴戰術來介紹西方思想，得到巨大的成功，產生了改變傳統思維體系的實效，是中國近代思想史上影響深遠的大事。以此類推，民國時期大量翻譯域外漢學的影響，也是不容忽視的思想史課題。

關於清末民初西方學術思維衝擊中國知識精英，顛覆傳統文化的知識結構，錢穆在現代中國學術論衡的序言中，從中國文化本位的立場，發出深刻的感慨，做了籠統的批評：「文化异，斯學術亦异。中國重和合，西方重分別。民國以來，中國學術界分門別類，務爲專家，與中國傳統通人通儒之學大相違异。循至返讀古籍，格不相入。此其影響將來學術之發展實大，不可不加以討論。」錢穆所指出的問題，是傳統知識體系强調「通」，文史哲不分家，最崇尚通儒，而現代學術講究專業分科，各司其職，以至於讀不通古籍呈現的整體性知識思維。姚名達在撰寫中國目録學史的時候，對西力東漸，西潮帶來的翻譯著作及新知新學，也有類似的感慨：「四部分類法，不合時代也，不僅現代爲然。自道光、咸豐允許西人入國通商傳教以來，繼以派生留學外國，於是東西洋洋籍逐年增多。學問翻新，迥出舊學之外。目録學界之思想不免爲之震蕩。」這種對學術體系發生重大變化的觀察，反映了中國學人從晚清一直到民國，夾在東西方兩種不同思維體系的衝突中，身歷其境的切身感受，因此感觸良多。

二十世紀上半葉最能代表中國學術的通儒是王國維與陳寅恪，他們浸潤了經史子集的四部知識傳統，承繼乾嘉篤實的考據學風，却都經過西洋邏輯思維與實證科學的洗禮，參與中國知識結構的轉型。對西方現代知識結構如何在中國生根發芽，不但再三致意，并且以自己的學術實踐來努力促成。王國維早在一九〇二年就寫信給張之洞，反對把經學列爲大學分科之首，而主張效法西方與日本的大學，設立哲學科，明確指出知識結構的分類不可因循傳統，而必須另起爐竈。陳寅恪在一九二五年就清華大學建制的問題，寫了吾國學術之現狀及清華之職責，指出大學的職責在於學術之獨立，而中國學術界的情況令人十分不滿，必須認真效法西方學術的體制及實踐。他說：「蓋今世治學以世界爲範圍，重在知彼，絕非閉門造車者比。」這兩位國學大師，對西方與日本的漢學研究十分注意，都是以開放態度對待域外漢學研究，集思廣益，以成其大家。

再回到「温故知新」的歷代經解，說說文化傳承的闡釋學意義。劉寶楠在論語正義中指出，上古之時，文化知識是上層統治精英的家學，不再治理實際政事的長者可以傳遞德行的知識，可以爲人師。「温故而知新」，就顯示長者不忘舊時所學，且能吸收新知，繼承并發揚這種學術與政治合一的傳統。到了孔子之時，時代出現了變化，士大夫不見得能够謹守家法，弘揚德行，也不一定能够「爲師」了。孔子之後，世變日亟，「道術爲天下裂」，文化知識不再爲少數統治精英所壟斷，也不必然與治理政事有關，學術在民間百花齊放，百家争鳴。但是，學術知識發展的脈絡基本未變，仍然是要温故知新，進德修業。從劉寶楠不經意的闡釋中，可以看到時代變遷影響了學術文化的內容，改變了知識結構的體系，但其內在發展的理路仍舊，還是需要舊學與新知的融合，才能有所發展。

劉寶楠還引述了劉逢禄的解釋：「故，古也。六經皆述古昔、稱先王者也。知新，謂通其大義，以斟酌後世之製作，漢初經師皆是也。」劉寶楠贊成這個說法，並指出，漢唐人解釋「知新」，大多數都沿用此意。也就是說，舊學是傳統的知識結構體系，新知是時代變化出現的新知識，必須相互斟酌，才能發揮得宜。至於如何對舊學「通其大義」，就見仁見智，各有說法了。從這個通達的詮釋來討論近代西學東漸的情況，我們可以看到，「温故而知新」在民國學人的心底，是産生「傳統」與「現代」糾葛的心理陷阱，不易跨越。若依照朱熹的說法，「學能時習舊聞而每有新得，則所學在我而其應不窮」，雖然在哲理上可以模模糊糊説通，但在清末民初的具體歷史環節，西學的新知屬於完全不同的知識體系，在原有的舊學脈絡中，根本無從立足，如何「其應不窮」?·所以，真要放之四海而皆準，提升「温故而知新」的普世意義，以理解域外漢學譯著與近代學術知識體系變遷的文化史意義，我們認爲，皇侃、邢昺，一直到劉寶楠的闡釋，是比較合適，並與現代文化闡釋學的説法相近。

伽達默爾（Hans-Georg Gadamer）在他的名著真理與方法中，説到認知理性與文化傳統的關係，特别指出，人們通過理性，來判斷歷史文化中事實的真相，但是人的理性與生存環境息息相關，與傳統所衍生的豐富文化底蕴有關，不可能完全超越文化傳統的思維脈絡。他認爲，人生活在文化傳統之中，就不可能「遺世獨立」，以全能超越的抽象思辨來認識傳統，甚至是批判或顛覆傳統。傳統是歷史文化延續與傳承的表徵，不會一成不變，而我們的認知理性也會因時代變遷，而不斷重新詮釋傳統。伽達默爾的闡釋學以西方文化傳統爲例，説明新知如何納入傳統，而使文化傳統生機不斷，生生不息，與中國歷代經學家的説法（朱熹除外），有异曲同工之效。以此觀照民國時期的漢學譯著，我們認爲，這批學術新知傳入中國，對中國文化傳統的繁衍與發展，實有承先啓後之功。

近代海外漢學名著叢刊的出版，最值得感謝的是南兆旭先生二十多年來搜羅的執着與努力。雖然這套叢刊不能窮盡民國時期的漢學譯著，但是，能滙集上百册自一九四九年以來在國内不曾重印的學術著作，再度公之於世，總是功不唐捐的大功德。忝爲本叢刊的主編，我面對這批民國學術材料，先是感到紛雜無章，有些原作者的學術素養也難副當前的學術標準，甚爲猶豫。後轉念一想，這是上個世紀中國最紛亂時期的學術記録，也是民生凋敝，國勢隤危，内亂外患交加之際，仍有許多學者孜孜矻矻，戮力翻譯域外漢學，爲中國學術的傳承拓展新知的坦途，不禁肅然起敬，開始用心整理分類。掛一漏萬，在所難免，好在有學殖豐贍的諍友擔任分卷主編，並撰寫各分卷前言，實在是衷心銘感。有傅杰教授負責「歷史文化與社會經濟」、戴燕教授負責「古典文獻與語言文字」、霍巍教授負責「中外交通與邊疆史」，吾道不孤矣。在整理編輯過程中，周威先生費心最多，也是我要衷心感謝的。

道術之存亡，全在人心之嚮背。這批民國漢學譯著重新問世，對我們生長在承平之世的學人，應當有激勵的作用，爲學術研究多盡份力，讓中國學術發展更上一層樓。

鄭培凱

二〇一五年七月

# 前言

在中國近現代學術史上，一個重大的轉折時期出現在清末民初，中國文化和中國學術幾千年來所積澱的自負和驕傲，受到前所未有的衝擊和挑戰。這種壓力既來自外部，也來自於內部，既包含着一個古老民族對於西方列强從政治、軍事、經濟、文化等各個方面强勢壓迫的自然反抗，也有着當時學人從學術傳統、研究範式、價值取嚮、材料方法等深層次的理性思考。在這樣一個大背景之下，陳寅恪先生因主張「一時代之學術，必有其新材料與新問題」而著稱於世，傅斯年先生也因倡導「上窮碧落下黄泉，動手動脚找東西」而聲名顯赫。其實，傅斯年先生這句名言的出處是在他撰寫的歷史語言研究所工作之旨趣一文當中，在講這句話的前面，他還有很長的一段話比較了當時中西學術發展出現的差距，并且指出了學術發展的三項標準：

> （一）凡能直接研究材料，便能進步。凡間接的研究前人所研究或前人所創造之系統，而不能繁豐細密的參照所包含的事實，便退步。（二）凡一種學問能擴張他研究的材料便進步，不能的便退步。西洋人研究中國或牽連中國的事物，本來没有很多的成績，因爲他們讀中國的書不能親切，認中國事實不能嚴辯，所以關於一切文字審求、文籍考訂、史事辯別等等，在他們永遠一籌莫展。但他們却有些地方比我們範圍來得寬些。我們中國人多是不會解决史籍上的四裔問題

的，丁謙君的諸史外國傳考證，遠不如沙萬君之譯外國傳、玉連之解大唐西域記、高幾耶之注馬可波羅遊記、米勒之發讀回紇文書，這都不是中國人現在已經辦到的。凡中國人所忽略，如匈奴、鮮卑、突厥、回紇、契丹、女真、蒙古等問題，在歐洲人却施格外的注意……（三）凡一種學問能擴充他做研究時應用的工具的，則進步，不能的，則退步。……西洋人做學問不是去讀書，是動手動脚到處尋找新材料，隨時擴大舊範圍，所以這學問才有四方的發展，嚮上的增高。［一］

他這裏所强調的材料的擴充、方法的進步，尤其舉出研究中國「四裔問題」上西方學術界的重視與所獲成績的例子，實際上都暗含着兩層意思在内：其一，是倡導重視除文獻材料之外地下材料的出土，號召學人不讀死書，而要「動手動脚到處尋找新材料」，才有可能拓展學術空間，「隨時擴大舊範圍」。西方學者古書遠遠不如中國人讀得好，却能够不斷拓展新領域，取得新成績，這是一個重要的原因。其二，是主張將研究空間從傳統的中原地區嚮着邊疆地區（亦即舊籍中的「四裔」）拓展，認爲這將是中國學術未來發展的方嚮。他尤其提到的匈奴、鮮卑、突厥、回紇、契丹、女真、蒙古等問題，都是國人重視不足，但「在歐洲人却施格外的注意」的新問題。直到今天看來，傅斯年先生所倡導的這個方嚮，也仍然具有深遠的戰略眼光。民國時期學術所受海外漢學的影響是多方面的，而其中對於中國邊疆、民族和中外文化關係等方面的研究成果尤其引人注目，也爲時人所重視，都與這個時代背景有着密切的關係。

近代以來，西方學者（包括被國人視爲「東洋」的日本學者在内）的一批學術著作陸續被翻譯成中文出版，成爲當時國人瞭解西方並從而反觀自身的一面鏡子。其中，被選入本套近代海外漢學名著叢刊的許多名

［一］傅斯年：歷史語言研究所工作之旨趣，國立中央研究院歷史語言研究所集刊第一本第一分，民國十七年十月。

家著作，堪稱其代表之作。這當中，有對中國古代民族史進行深入研究的白鳥庫吉著康居粟特考、帕克（E. H.Parker）所著匈奴史、津田左右吉著渤海史考等名著，也有涉及中國古代民族制度文化史的箭内亘著元朝制度考、元代經略東北考等系列研究專著。尤其是在中外文化交流和關係史方面，日本學者桑原騭藏著唐宋貿易港研究、木宫泰彦著中日交通史等著作，都開啓了這個領域的研究先河，影響甚爲深遠。

這批海外漢學名著的學術特點非常突出，一方面，它們大都充分利用了豐富的中國古代歷史文獻進行精深的文本分析，體現出作者的漢學水平和深厚的古文獻根基；但另一方面，從總體的研究方法上却與傳統的中國學術大相徑庭，作者已經不再像二十四史的史家那樣仍舊站在中原王朝正統史觀的立場來觀察所謂「四裔」，進行粗綫條的描述，而是以西方考古學、人類學、社會學等全新的研究方法和理論對研究對象從歷史語言、地理環境、社會組織結構、人群遷移流動、對外文化交流等不同的層面和角度加以剖析，從而展示出前所未有的學術新格局。在這批著作中，還有一部分屬於作者實地考察的行記，如鳥居龍藏所著東北亞洲搜訪記等，無論其學術水平如何參差不齊，但都體現出西方學術界重視田野工作、擴大和豐富新材料的研究取嚮，也和當時西方學者大規模進入我國邊疆地區開展所謂「考察」、「探險」活動的歷史背景相互呼應，由此對中國學人所産生的激烈震蕩和隨之而來「敦煌學」、「西夏學」、「蒙古學」、「藏學」等新的研究領域的形成，應當説都與之不無關係。

我們不能不注意到，在這批海外漢學名著中，日本學者的著述頗豐，這個特點也反映出近現代學術史上「東洋」與「西洋」之關係。自明治維新以來，日本以「脱亞入歐」爲國家目標，不僅在政治、經濟和軍事上努力以西方爲效仿和追趕對象，在文化上也與傳統的「以中國文化爲師」的模式拉開距離，出現了學術文化上的明顯轉型。在嚮西方學術學習借鑒方面，日本的確走在了中國的前頭，甚至承擔了嚮中國「轉手」輸入西方文化的「中間人」的角色。在中國的邊疆、民族、中西交通史等方面，日本學術界和西方學術界聯繫緊密，將其對中國傳統史籍的精深理解和西方研究範式的具體實踐有效加以結合，産生出一批重量級的學術成果，這也是清末民初投射在中國學術史背景上的一個濃重剪影。

當然也無須諱言，由於時代的局限，這套叢書所能够借以參考、使用的實物史料隨着地上地下考古文物的不斷發現，已經顯得落後。自二十世紀五十年代以來，中國學者在邊疆考古領域取得了重要的成績，尤其是在新疆、西藏、内蒙古、東北各地的田野工作爲匈奴、鮮卑、粟特、吐蕃、突厥等若干古代民族問題的研究都提供了大量新材料，提出了不少新問題。但是我們不能苛求前人，放在當時的歷史背景之下來看，叢書作者所顯現的問題意識、史料運用和研究方法，至今也仍然是具有借鑒作用的。

最後我們還應注意到，這批海外漢學著作的譯者有些是國人知曉的史學名家，如向達先生、趙敏求先生、方壯猷先生等，他們均具有深厚的傳統國學根底，也具有寬廣的國際視野，其中如向達先生曾遊學歐洲多國，在敦煌學、中西文化交流史研究等方面建樹卓越。但是，也還有更多的編譯者今天已經不再爲人知曉，這反而證明了一個事實：在清末民初這個中國近現代學術史轉型時期，西方學術所帶來的衝擊和影響，不僅僅波及少數學術精英，而且也深刻地震蕩着社會各個階層，中國人嚮西方學習從而變革求新、救亡圖存的强烈願望，可以説是這些譯著當年問世時最爲直接的「催生劑」。今天，在中華民族爲實現偉大的民族復興和「中國夢」的美好願景而努力奮鬥的新時代，重讀這套叢書，「温故而知新」，可以説是意味深長。

四川大學教授、博士生道師、教育部長江學者特聘教授

霍　巍

# 作者簡介

## 著者

箭内亘（Yanai Wataru，一八七五年—一九二六年），日本蒙元史學家，號尚軒。一九〇一年畢業於東京大學史學科。後進大學院，研究中國耶穌教史。一九〇八年參加白鳥庫吉主持的南滿鐵「學術」調查部，爲滿洲歷史地理和滿鮮地理歷史研究報告遼、金、元三朝的主要撰寫人。一九〇九年曾赴中國東北、遼東、遼西地方搜集資料。一生發表論文三十餘篇，內容以蒙元制度史和歷史地理居多。制度史研究方面尤以元之「忽裏勒臺」制度、禁軍和社會階級制度研究爲精；歷史地理方面的主要代表作爲東真國之疆域、元代滿洲疆域、元明時代的滿洲交通路等。

## 譯者

陳捷，資料不詳。

陳清泉（？—約一九四一年），號味菊、味菊軒主。從事日本名著翻譯，著有諸子百家考，譯有中國音樂史、朝鮮通史、中國經濟史概説等。

# 目錄

三　蒙古經略高麗……九三



附錄……一二九

# 一　元代之东蒙古

# 第一章　緒言

題爲元代之東蒙古，則不可不先定東蒙古之範圍。蓋此名稱係近年所造之新名詞，其範圍似無一定。或泛指內蒙古之東部，或指內蒙古中東四盟（卽哲里木、昭烏達、卓索圖、錫林郭勒）及察哈爾部。或加入外蒙古之車臣汗土謝圖汗二部。然一般則指東四盟與察哈爾部，及歸化城熱河兩地方爲東蒙古。又往往以黑龍江省西南部（卽呼倫貝爾地方）及外蒙之車臣汗部之大半加之。此文所謂東蒙古者，亦指此範圍而言。若以現今民國新行政區劃言之，則包含黑龍江省西南部，遼寧省北部，熱河察哈爾二特別區域及綏遠特別區域之東部，與外蒙古車臣汗部之大半。

此稿之目的，本不在研究東蒙古之古史；但因欲略示元代以前之狀勢，故略言之耳。秦漢之際，東蒙爲東胡所據。東胡後裔，有烏桓鮮卑二族。烏桓於後漢之初，已入塞內。鮮卑併有烏桓故地，爲東蒙古唯一強盛之部族。及北匈奴衰滅，鮮卑殆奄有蒙古全土。漢魏兩晉間，其勢無敵。南北朝時，柔然高車等起於外蒙，鮮卑南下而移居塞內，而東蒙古地方有鮮卑後裔契丹庫莫奚等，起於西喇木倫河之南，霫、烏洛候、室韋、起於其北。唐代盛時皆內屬。及至唐末，契丹頓強，統一北族，國號遼，一時領有蒙古全土。其後女眞興而席捲全滿洲，取東蒙古而建金國。遼亡之後，外蒙古地方又成諸部族割據之狀態。東蒙古則除北邊一部外，悉入金之版圖。而成吉思汗之起於蒙古，手創帝業，則又八九十年後之事也。當時東蒙古之形勢，金人置有北京路，路治在 Lôhan-müren 河邊之大定府。河北有臨潢府，遼代舊都也，與大定府同爲東蒙古二大重鎮。金於北京路之北境築有邊堡，以防西北諸部族之侵寇。邊堡之位置今已難知，但由近於當時之慶州、臨潢、泰州等諸城察之，似走於 Jaalnôr, Kara-müren, Taur 河之北者。（註一）而古據此邊堡以北及其西北屢擾金之北境者，爲翁吉喇惕、塔塔兒等蒙古諸部族。此實成吉思汗創業時代之蒙古部勁敵也。

（註一）　松井氏滿洲之金之疆域。（滿洲歷史地理第二卷）

## 第二章　興安嶺以西之經略

成吉思汗之經略東蒙古，自征伐塔塔兒始。塔塔兒卽 Rashid-uddin 所謂 Tatar 之對音，元秘史、皇元聖武親征錄、元史等皆作「塔塔兒」，而契丹國志之「達打」，遼史之「敵剌」，遼史及金史之「敵烈」，金史之「迪列土」及「阻轐」等，大略亦皆指此部族。大體占有今興安嶺西麓連結呼倫貝爾兩湖之 Urshun 河流域及其南方草地而從事遊牧。（參看本書韃靼考）塔塔兒爲蒙古部累世之仇敵。西元一一九七年，塔塔兒叛金，成吉思汗與 Kereit 部長 Toghoril 共同參加於金軍以破之。一二〇一年，塔塔兒以下諸部推戴 Djamuxa 而組連合軍，成吉思汗又擊破之；翌年，乘勝攻入塔塔兒部根據地。祕史卷五曰：

狗年（西元一二〇二年）之秋，成吉思合罕與察阿安塔塔兒、阿勒赤塔塔兒、都塔兀惕塔塔兒、阿魯孩塔塔兒等塔塔兒，對陣於荅闌揑木兒格思，……與之戰而擊動塔塔兒，乘勝而於兀

勒灰失魯格勒只惕集（彼等）於彼等之國而虜之。（成吉思汗實錄一七四——五頁）

此文只言塔塔兒中之四族，仍有阿亦里兀惕備魯兀惕主因三塔塔兒祕史（卷一）則無明文。（參看成吉思汗實錄三一頁）阿亦里兀惕備魯兀惕二族居於 Urshun 河邊，無庸疑也。察阿安以下四族，則別居於荅蘭揑木兒格思（Talan Nemürges）但 Talan Nemüages 在今何地乎？按 talan 在蒙古語中為草原之意，此地之名，當為 Nemürges 之野之意。則親征錄所謂「荅蘭揑木兒格之野，」似非正稱。查皇朝中外一統輿地圖，喀爾喀河支流中有額爾占布爾訥墨爾根河，D'Anville 之支那新地圖中，記為 Nemerken 河。揑木兒格思之野，蓋指此河流域者。翌年成吉思汗與 Xalaxaldjit 之王罕戰，不能勝而退卻於北方。祕史卷六記曰，「泝兀勒灰失魯格勒只惕，而入荅蘭揑木兒格思。」（成吉思汗實錄二一六頁）又云：「自是成吉思合罕由荅蘭揑木兒格思、沿合勒合河而行。」（同上二一八頁）由此推之，若將揑木兒格思比定於 Xalxa 河支流 Nemerken 河，當甚妥當。至於兀勒灰失魯格勒只惕，則為兀勒灰河與失魯格勒只惕河之併稱。Rashid-uddin 謂為 Olxui-Shildjiuldjut，親征錄及元史作兀魯回失連眞河，水道提綱之烏爾虎河色野爾濟河，相當於 D' Anville 地圖中之 Oulgui, Séilki。據一統輿圖，烏爾渾河色野爾集河合爲鄂爾虎河，注於昌圖布里都湖。一二〇一年之戰，似卽戰於 Nemürges 河之平野，成吉思汗追敵軍至 Ulxui, Shigheldji 兩河會合點附近，而殲滅塔塔兒之餘衆者。一二〇二年之戰，則戰於昌圖布里都湖附近之 Xalaxaldjit 之野，勝敗未決，蒙古軍遂沿 Ulxui, Shigheldji 兩河而至 Nemürges 河邊，更進至 Xalxa 河邊而北行者。

那珂博士以 Xalaxaldjit（卽 Ulxui, Shigheldji 兩河之下流，卽今烏珠穆沁左翼之地）爲塔塔兒四部之奧魯（成吉思汗實錄二一六頁注）在若干條件下，可以承認博士之言，似謂 Talan-Nemürges 與 Xalaxaldjit 相近者；但據祕史之記事，前者在索岳爾濟山脈之北 Xalxa 河上流流域，後者則在同山脈之南 Ulxui 河下流流域。然塔塔兒爲興安嶺西麓之最大部族，其游牧區域頗廣，若想像爲北自 Xulun-nôr，南至昌圖布里都湖，亦非必不當也。果然，則察阿安等四部之奧魯，在今烏珠穆沁左翼之地，阿亦里兀惕等二部之奧魯，在 Urshuu 河邊，而四部之兵，可解作北進至 Nemürges 河邊以迎蒙古軍者。

Xalaxaldjit 之戰，成吉思汗之不得勝利，似避王罕之銳鋒者。按是年沿 Xalxa 河北行，招降據 Urshun 河畔 Ongirat 部。但不西進，更北行而還至 Ongoda 河邊之 Baldjut 湖畔。在此地新定作戰計畫，於是在 Kerülen 河下流 D'jedjegher，襲王罕而大破之，Kereit 部遂亡。當是時也，西方猶有強敵乃蠻國，而東方諸部則無復叛者。Ongirat, Tatar 之故地，遂確奉成吉思汗之威令。

翌年成吉思汗迎擊乃蠻軍，大破之，未幾滅之。一二〇六年行第二次即位禮，同時論同姓諸將之功而行賞。其中殊勳一人，爲將軍木合黎，賜以國王之號，且下勅命曰：

木合黎國王左手凭於合喇溫只敦而知萬戶。（成吉思汗實錄三四一頁）

合喇溫只敦（Xaraghun-djidun）元史或作哈剌渾山，（卷一太祖紀）或作合老溫山，（卷一一八特薛禪傳）合剌溫山。（卷一二八土土哈傳）蓋只敦通古斯語作 djuden，滿洲語作 djidun，山脊之意也。那珂博士云：「合喇溫只敦，所在不確。王罕少時被叔父所逐而逃入之合喇溫之隘，在薛涼格河邊，與此不同。巴勒主納水飲時，因尋太祖，合撒兒探訪合喇溫只敦之嶺，當即此山。人皆推想此山爲興安嶺山脈內之一峯名：然觀其與孛斡兒出之阿勒台山對舉，則知非興安嶺之峯名，而爲興安嶺全體之舊名」云云。（成吉思汗實錄三四一頁）此說原可認爲穩當之說。惟元史卷一一八特薛禪傳云：

又諭火忽曰：哈老溫迤東，塗河潢河之間，火兒赤納慶州之地，與亦乞列思爲鄰，汝則居之。

又卷一二八土土哈傳云：

至元二十五年，諸王也只里爲叛王火魯哈孫所攻，遣使告急，復從皇孫移師援之，敗諸兀魯灰，還至哈刺溫山，夜渡貴烈河，敗叛王哈丹，盡得遼左諸部。

哈老溫山，即哈刺溫山，即今興安嶺之一部索岳爾濟山也。何則，因如後段所論證，慶州爲 Xara-müren 上流之 Chagan-Balgasun。火兒赤納當在遼金之臨潢府附近。兀魯灰，爲今之 Ulxui 又 Ulankui 河，貴烈阿，即 Kuiler 河故也。又 Xalxa 河之支流，有哈爾渾，大哈爾渾 (Xarxun, Amba, Xarxun, Halgon, Amba Halgon) 兩河，同出於索岳爾濟山。或者哈刺溫，哈老溫，訛而爲哈爾渾者乎？要之當時之哈喇溫只敦，似非興安嶺之一峯名，而爲全體之名。至少亦爲索岳爾濟山脈之舊名。木合黎與統轄阿勒台山方面「右手萬戶」之孛斡兒出，統轄蒙古本土「中萬戶」之納牙阿，相並而被任爲統轄此合喇溫山方面之「左手萬戶」。納牙阿一萬八，孛斡兒出三萬八千八，而木合黎則遙占多數，賜以蒙古兵六萬二千八，（詳見第四節）其權勢之盛，太祖期待之大，皆堪想見。故當成吉思汗諸弟及翁吉喇惕等親族諸部分封以前，此數年間東蒙古之地，依然在木合黎統治之下，可以推測矣。

元太祖成吉思汗卽位之第五年，（西元一二一〇年）始決征金之策。翌年三月，親自將兵南渡沙漠。是夏破大水濼而益南進。金帝大驚，四月，遣使乞和，不許。秋七月，陷烏沙堡烏月營，桓昌撫三州皆降。八月，更進至野狐嶺，大破金之精兵四十萬。逐北而追至會河堡。一戰之後，殆覆其全軍。據金史元史親征錄等，本軍直向中都。雖圍之而未能克，但野狐嶺以北諸城，由此役後，已確爲蒙古所有。是爲金之西京路之北半部，屬於今之察哈爾部及四子部落者，觀以下地名之比定可知。

南征軍出發地之怯綠連河大斡魯朵，親征錄及元史太祖紀皆有明文。此斡魯朵卽祕史所謂「客魯嗹河闊迭額阿喇勒（Ködeghe Aral）之朵羅安孛勒荅黑（Dologhon Boldak）失勒斤扯克(Shilginchek)間之斡兒朶思。」大抵卽今 Senkür 合流點附近 Kerülen 河中之島也。自大斡魯朶出發後之行軍路，雖無由詳知；據吾人臆測，蓋向正南而渡漠，經今四子部落而入察哈爾部者。此種臆說理由有二：四子部落卽當時之淨州，成吉思汗入貢於金時，常與金之受貢使者會於此地，一也。淨州爲 Öngüt 部根據地，此部自征伐 Naiman 國之年，降於蒙古，異常恭順，其二也。渡漠而入金之西京路時，其先攻取者爲大水濼。大水濼當卽張家口外，入於昂古里湖之哈拉烏蘇河之水，瀦成之伊克腦兒(Ikenôr)烏月烏沙二城所在地，殊不易知；但昌州卽伊克腦兒之西之白城子，土名插漢巴爾哈遜(Tsagan Balgasun)撫州卽其南數里河東附近之喀喇巴爾哈孫。(Xara Balgasun)桓州在昌撫二州之東北，卽灤河上流之庫兒圖巴爾哈孫。(Xurtu Balgasun)野狐嶺，在今膳房堡口之北五里。會河堡在萬全縣之西。以上淨州等諸州之位置，概從大清一統志說。其重要者，第五章中更詳說之。

據以上所說，則知今東蒙古中興安嶺西之地，當太祖卽位第六年以前，已略入蒙古版圖矣。然則嶺東之地如何乎？吾人先就分封於嶺東之南部，翁吉喇惕一門所領，加以考究。

# 第三章　翁吉喇惕一門之分封

翁吉喇惕，元史作弘吉剌，甕吉剌，甕吉里，瓮吉剌，雍吉烈等。金史之廣吉剌，遼史之王紀剌，及遼金史上頻見之烏古及其異譯之烏古里，于厥里，于厥律等，皆指同一部族者。其住地甚廣，當太祖成吉思汗創業時代，北自 Argun, Dorbur 兩河流域，南至 Xalxa 河流域，皆其領土。（參看本書韃靼考）不獨爲遼金以來強大之部族；且翁吉喇惕一派之斡勒忽納兀惕（Olxunagut）部，又爲太祖之母 Ogelün 之外家。他一派孛思忽兒（Bosxur？）部，又爲太祖皇后 Börte 之外家。且蒙古與翁吉喇惕之親戚關係，更不自此時始。祕史卷一 Börte 之父 Dei Setsen 告太祖之父 Yesügei 之語中有云：

我等翁吉喇惕之民，自昔爲甥女有姿息女有顏色之處，不與他國部落相爭。以腮美之女子，與於汝等爲大君者，載於大車駕黑駱駝，使馭而往，坐於妃位之一。我等……。（成吉思汗實錄四

一頁）

故太祖以後，待翁吉喇惕一門益厚。太宗勅特薛禪（Dei Setsen）之子按陳（Alchin）曰，翁吉喇惕氏生女，則世以爲后，生男則世尚公主。語見元史卷一一八特薛禪傳。當太祖分封子弟之前後，所以分封翁吉喇惕一門者，固非偶然也。今欲考其事實，先列特薛禪一家之譜系，以供參考。

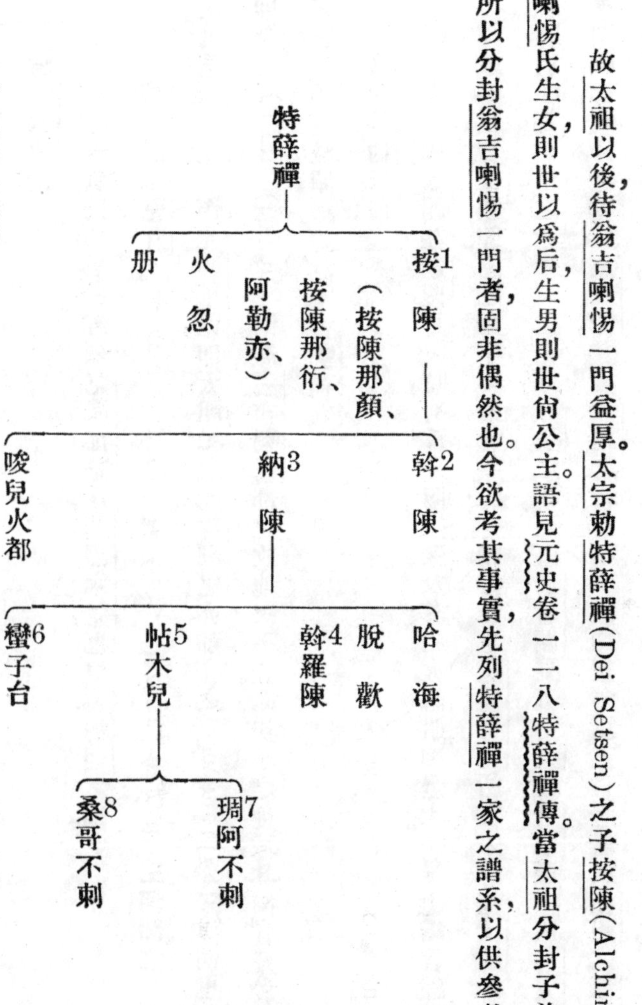

特薛禪傳曰：

初弘吉剌氏族居於苦烈兒温都兒斤，迭烈木兒，也里古納河之地。

苦烈兒温都兒斤 (Kürêr-undurkin) 者，Gan, Dorbur, Argun 三河間之 Küregher 山也。迭烈木兒，一作禿烈不兒，即太祖紀之禿律别兒，亦即今之 Dorbur (Dörber) 河也。也里古納河，即今之 Argun (Ergüne) 河。然翁吉喇惕部之故地決不止此狹小之地域，其南且及於 Urshun, Xalxa 兩河流域。詳說見本書韃靼考。

特薛禪傳又曰：

歲甲戌，太祖在迭蔑可兒時，有旨分賜按陳及其弟火忽、册等農土。（農土猶言經界也）

歲甲戌者，太祖即位之九年（西元一二一四年）也。迭蔑可兒所在未詳。按太祖此年春三月，駐驛於中都（今之北平）之北郊，許金之和，而出居庸關。夏五月，金帝宣宗遷都於汴。太祖命諸將再圍中都，而自避暑於魚兒濼。其後太祖之行動不明。但以翌年夏五月避暑於桓州之涼陘察之，其歸漠北 Kerülen 河行宮，當在十年之冬。其前則久居漠南蒙古之地。魚兒濼之所在，據大清一統志，謂在故興和城之西，更比定於金史地理志之柔遠縣之大魚濼。口北三廳志等地誌多從之。但沈垚已論其不合，（西遊記金山以東釋）然沈氏只云當在昌撫等州之沙漠以北而未能確指其地。Bretschneider 則進一步而比定於今之達里泊，(Taal-nôr) 可稱卓見。(E. Bretschneider, Mediaeval Researches from Eastern Asiatic Sources I,48) 並將大清一統志稱 Taal-nôr 爲「捕魚兒海，」取爲旁證，可爲名案。蓋捕魚兒本非蒙古名之音譯，乃因其湖多魚族而命名者，不難推測也。元史世祖紀記阿里不哥叛亂事時，魚兒泊（卽魚兒濼）之名凡三見。其中左列二者尤堪注意。

中統二年八月勅西京運糧于沙井，北京運糧於魚兒泊（卷四）

同年十月乙巳詔指揮副使鄭江，將千人赴開平。指揮使使董文炳率善射者千人，由魚兒泊赴行在。指揮使李伯祐率餘兵屯潮河川。……丙辰，詔平章政事塔察兒率軍士萬人，由古北口西便道赴行在所。十一月壬戌，大兵與阿里不哥遇於昔木土腦兒之地。……帝親率諸軍以躡其後。（卷四）

前條表示沙井近於西京（卽今大同）魚兒濼近於北京（卽老哈河畔之大名城）後條表示魚兒濼正當往開平以北世祖行在所之大道又在西軍會戰地昔木土腦兒之南方但昔木土腦兒又何在乎？按昔木土腦兒者昔木土湖之意也。元史作失木禿，失木土，失門禿，昔門禿，石木溫都，失木里禿，失畝里禿等。耶律鑄雙溪醉隱集作析木臺。D'ohsson (Histoire des Mongols II 351) 作 Simoultai。其位置，據元史卷一四六耶律鑄傳云：「敗阿里不哥于上都之北」，醉隱集云：「上親擊敗西北弄兵藩王於上都之地北析木臺之西」，蒙古遊牧記卷四，比定於阿巴哈納爾右翼旗之西二十里之蘇布祿都泊。（Suboltu-nôr）昔木土腦兒若果爲蘇布祿都泊，則位於其南，而在開平以北之魚兒濼，（魚兒泊）必爲今之 Taal-nôr 自明。於是再入本題，甲戌年避暑於魚兒濼之太祖，曾有移動而駐蹕於帖蔑可兒之形迹耶？吾人決不能謂其必無此事。蓋後來世祖於 Simoultai 戰勝之後，未幾卽赴帖蔑可兒。由此事實推之，則知帖蔑可兒距 Simoultai 乃至魚兒濼之不遠也。世祖紀記中統二年十一月四日敗阿里不哥於昔木土腦兒，世祖親率諸軍向北追擊之，後十五日駐蹕於帖買和來之地，三四日後，入古北口，駐潮河川，十二月六日凱旋大都。（註一）則帖買和來，卽迭蔑可兒，祕史之帖蔑延客額兒，(Temeghen-kegher) 太祖紀之帖木該川，親征錄之帖木垓川，同爲駱駝之原之意。那珂博士謂祕史太祖紀親征錄之 Temeghen-kegher，在車臣汗部之東南境云。果然，則當解爲與世祖紀之帖買和來爲同名異地矣。何則？由車臣汗部東南境至古北口內之潮河川，非三四日間行軍之所能到也。且特薛禪傳之帖蔑可兒，爲翁吉喇惕部按陳領內之地名，其北有册之分地，再北始爲包含車臣汗部東南境太祖從子阿勒赤歹之分地故也。迭蔑可兒與帖買和來，若爲同名同地，至少亦在 Taal-nôr 及 Suboltu (Sibaltai,Sabaltai, Simoultai) 之東，西林河 (Silin-gol) 上流流域附近。更進一步，就見於祕史親征錄元史太祖紀者考之，太祖於癸亥（西紀一二〇三年）之秋，滅 Kereit 部。自其冬至翌年之春，圍獵於Temeghen-kegher，聞乃蠻來侵，會議之末，決逆擊之，而停止圍獵。「自阿卜只合闊帖格兒啓行，而下馬於合勒合河之斡兒訥兀山之半崖」（成吉思汗實錄二七一頁）定部署而整隊伍，到 Kerülen, Tula 兩河上流間之 Saghari 原，開始戰爭。是故阿卜只合闊帖格兒，爲 Abudjixa Ködegher 卽 Abudjixa。其的確之位置，雖不能明，但近於 Temeghen 原，亦無待言。蒙古軍由此而至 Xalxa 河畔，故謂 Temeghen 原，爲河南之地，雖屬適當但若限於車臣汗部東南境，則無何等理由。況 Tatar 部既亡，今之烏珠穆沁之地，全靡於蒙古之威風；當此之時，太祖報累世之仇，乘戰勝之餘威，入此新領土之南，與諸將共圍獵以爲快且作一種觀兵，不難想像也。由此言之，Temeghen Kegher（駱駝原）之名，塞外雖可常見；但祕史親征錄元史三書中之帖蔑延客額兒帖麥該川帖木垓川迭蔑可兒帖買和來皆爲同名同地。比定於今之克什克騰部北境西林河流域，不得謂爲牽強附會也。

（註一） D'Ohsson, Histoire, des Mongols (II.353) 雖謂世祖逐阿里不哥，深入於和林；但觀後文所述，自知其誤。

（註二） 成吉思汗實錄二七二頁注。

太祖於其卽位之九年，下旨分賜農土（蒙古語 nutuk 之對音，國土住地之意）於翁吉喇惕之按陳兄弟。元史特薛禪傳承前引之文，明記按陳以下所封之地域。今順次摘錄以說明之。

，若曰是苦烈兒溫都兒斤以與按陳及哈撒兒爲農土。申諭按陳曰，可木兒溫都兒答兒腦兒，迭蔑可兒等地，汝則居之。

苦烈兒溫都兒斤，卽今之 Küregher 山，已述於前。合撒兒乃太祖之弟 Djuchi Xussar，其分地爲 Xailar 河 Xulun-nôr Xalxa 河地方，次節當詳言之。故知按陳之分地，乃自今之 Gan 河流域至 Dorbur 河流域者，然按陳之分地，實不止此，更領有遠在南方之一地域，即本文所謂「可木兒温都兒，苦兒腦兒，迭蔑可兒等地」者是也。可木兒温都兒，即可木兒山，似即今之多倫諾爾東方之蝦蟆兒嶺。水道提綱卷二灤河條所謂「宜縣河北出翁牛特右翼西蝦蟆兒嶺之南山」者是也。苔兒腦兒，即 Taal-nôr 今仍同名，一作捕魚兒海。近年又呼爲 Dalai-nôr 元上都之北之大湖也。迭蔑可兒，如前所論，即 Temeghen-kegher，大概比定於克什克騰旗北境西林河上流流域。如是則按陳之分地，有南北二區。北區在Argun河東 Gan, Darbur 兩河流域，南區爲克什克騰部及 Taal-nôr 附近。

特薛禪傳於前引之文之後，記按陳少弟册之分地如左：

諭册曰，阿剌忽馬乞迤東，蒜吉納禿山，木兒速拓哈海斡連，直至阿只兒哈温都，哈老哥魯地，汝則居之。當以胡盧忽兒河北爲鄰，按赤台爲界。

阿剌忽馬乞，所在不詳。元史卷百兵志馬政條，草地之名，列記和林，斡難，怯魯連，阿。剌。忽。馬。乞，哈剌木連，亦乞里思等，則此等草地，必相連接無疑。故阿剌忽馬乞，當在 Karakorum, Onon, Kerülen 之東，Xara-müren, Ikires 之西。由各分地之關係考之，大概在今烏珠穆沁部境內之平野。

蒜吉納禿山，據遊牧記卷三巴林部條，有「右翼旗北百二十里有葱山，蒙古名松吉納」。水道提綱卷二，大遼水條，有「黑河蒙古稱喀喇木倫，源出巴林西北境之宋吉納山」。按蒜吉納禿為 Sunggina-tu 之對音，蒙古語有葱之意。木兒速拓哈海斡連八字，其為一名或二三名不明。阿只兒哈溫都，為 Adjirxa-undur 之略語，當卽今之克什克騰西北百十五里之博羅阿吉爾罕 Boro Adjirxan 山。哈老哥圖不明。胡盧忽兒河，據蒙古游牧記卷四烏珠穆沁右翼旗條云「有胡盧古爾河，瀦於阿達克諾爾」。今圖稱其上流曰呼魯兒河 (Xulgur) 下流曰巴魯古爾河 (Balgur)。湖名曰阿達阿 (Adagha)。如是則册之分地，包含烏珠穆沁右翼旗之東南部，與克什克騰部之東北部，北隣太祖從子按赤台 (Alchidai) 之分地，西接按陳之分地。

特薛禪傳又曰：

又諭火忽曰，哈老溫迤東，塗河潢河之間，火兒赤納慶州之地，與亦乞列思為隣，汝則居之。

哈老温者山名，即今之興安嶺，已述於前。塗河，即今之老哈河（Lôhan müren）遼金之際，名曰士河，金及元世曰塗河。（註一）潢河一名潢水，自唐以來，呼今之西喇木倫（Siramüren）之名也。（註二）火兒赤納據屠寄氏之說，即今巴林旗東北百九十里之烏爾圖綽農河，（註三）此說似可從。慶州，據大清一統志卷四〇七之五，巴林古蹟條云：「按此城在喀喇木倫河旁，蒙古名插漢城，周五里餘。」一統輿圖插漢城作察罕城。喀喇木倫（Xara-müren）河，發源於興安嶺，南流入西喇木倫。插漢城 Tsagan（Chagan）Balgasun 在其上流。（註四）亦乞列思，爲部族之名，相傳與翁吉喇惕部同祖。如後文所言，乃居西喇木倫河北喀喇木倫河東者也。由以上諸地名推測之，火忽之分地，大概包含今巴林翁牛特二部之地，北接按赤台之封地及亦乞列思部，西接册及按陳之分地，東南二面，接下文所言唆魯火都之分地。

（註一）熱河志卷七〇水二。

（註二）同上。

（註三）蒙兀兒史記特薛禪傳。

（註四）喀喇木倫爲清初以前之名，現時土人呼爲 Chagan-müren。此處姑用舊名。又鳥居龍藏氏之蒙古旅行（一三七頁）謂 Chagan Balgasun 今呼チンヂンホトン，（慶州城？）城內有白塔，故普通呼爲白塔。

特薛禪傳又曰：

又諭按陳之子唆魯火都曰，以汝父子能輸忠於國，可木兒温都兒迤東，絡馬河至於赤山，塗河迤南與國民爲隣，汝則居之。

可木兒温都兒，爲宜孫河發源之蝦蟆兒嶺，已述於前。絡馬河，當爲金元之落馬河。金史地理志曰：「三韓縣松山縣有落馬河。」元一統志曰：「落馬河在松州北八十里，發源州界羅鍋嶺下，流入高州境，一百里東入塗河。」即今之伯爾克河。見熱河志卷七十。赤山，當即今之赤峯縣。所謂「與國民爲隣」者，指金及元初呼爲北京路之地域也。（註一）如是則唆魯火都之分地，乃古有今之翁牛特部者。

據以上所述，太祖九年分賜翁吉喇惕一門之領地，除北方 Argun 河東一區域外，皆古東蒙古之中央重要部。跨有今之巴林，翁牛特，克什克騰三部，及烏珠穆沁，喀喇沁二部之一部分。以上都以東之可木兒溫都山爲中心，略區分爲幅射狀。

（註一）熱河志卷六二，建置沿革，全寧路。

## 第四章 太祖諸弟之分封附 分民分兵

據秘史，太祖征金以前，對子弟有分民之事。又征伐西域之先，有協定諸弟相續者之事。封弟之事，則無何等記載。幸而 Rashid-uddin 集史關於諸弟之分地，有稍詳細之記事，吾人可以知其一斑，但分封之年次，集史中亦無明文。想所以有協定相續者之必要者，因有可以相續之分地也。故料想分民時，當有分封之事。

（註）徐霆黑韃事略疏證云：「霆所過沙漠，其地自韃主僞后太子公主親族而下，各有疆界。……」

今先就諸弟之分地考其疆域，而後一言分民分兵之多寡，以作推測各人勢力之資料。

太祖諸弟之世系如左：

也速該
- 太祖帖木眞(Temüdjin)卽成吉思汗（Chingis Kaghan）
- 搠赤合撒兒(Djuchi Xassar)（拙只哈撒兒）
  - 也　吉(Yegü)火○骨○火○孫○
  - 也孫格(Yesunge)（移相哥、亦孫哥）（也生哥、也相哥）愛哥（Emegen）勢都兒（Siktur）（失都兒）
- 合赤溫(Xachighun)（哈赤溫）阿勒赤歹(Alchidai)（濟南王按只吉歹）哈○丹○禿○魯○干○(Xadan Tulugan)（合丹大王）
- 帖木格斡惕赤斤(Temüge Otchekin)（斡赤斤、斡陳那顏、斡眞那顏、）（斡辰大王、訛赤忻）只不干(Djibugan)塔察兒(Taghachar)阿朮魯（Achul）乃○顏○（Nayan）
- 別勒古台（Belgütei）（別里古台　孛魯古歹）母禿馬敦氏

諸書世系互有異同本表據屠寄之蒙兀兒史記世系表

太祖諸弟分地之記事，乃據 Berezin 所譯之拉施特集史者。譯本第一篇爲士耳其蒙古部族考，第二編爲成吉思汗本紀。而拙赤合撒兒以下世系及分地，則在第二編。（五三——六四頁）清洪鈞重譯之，載在元史譯文證補卷一下。其文簡而得要。玆故以洪鈞之漢譯爲主。至於 Berezin 之俄譯，則惟必要時取作參考。

一　拙赤合撒兒之分地，證補之文如左：

也速該次子朮赤哈薩兒，（Djuchi Xasar）力能折人爲兩截。……相傳有四十子，惟三人著稱。一也古，（Egu）一脫古，（Tugu）一也生哥（Isunke）……朮赤哈薩兒薨，也古嗣位。也古薨，也古子阿兒哈孫（Argasun）嗣位。蒙哥可汗，呼必賚可汗（Mönke Kaan, Xubilai Kaan）時，也生哥嗣位。歷膺重任，統領全軍。……蒙哥可汗時，朮赤哈薩兒數妃尙在。其分地在阿爾袞河（Argun）枯拉淖爾（Kula-nôr）海拉兒（Xailar）地近斡赤斤（Utdji-noyan）後王封地。

（註）文中羅馬字，乃據 Berezin 書中之註者，以下皆同。

Berezin 之原譯云「也生哥與朮赤哈撒兒家族之分地，在蒙古地域中居東北面，及於 Argun, Kula-nôr 與 Xailar 等之境。接於 Utdji-noyan 之孫 Tagajar 之子 Djibu之幕庭之地」(II.56) 此所謂分地，雖爲朮赤哈薩兒之子也生哥時之地，但可解爲保存哈薩兒分地之原狀者。Argun, Xailar 皆河名。Kuluu-nôr 即 Xula-nôr，湖名也。皆興安嶺以西著名之地，無庸再加說明。Xailar 河之北，入 Argun 河之 Gun, Dorbur 兩河流域，爲 Ongirat 部 Alchi-noyan 之分地。Ulxui 河流域，如後所言，爲 Xassar 從子 Alchidai 分地。由此觀之，Xassar 之分地，似甚狹小，因想 Bôr-nôr, Xalxa 河流域，亦當爲彼之所封。如是，則 Xassar 之分地，北接 Alchi-noyan 之分地，南接 Alchidai 之分地，東隔興安嶺，隣於帖木格斡惕赤斤 (Temüge Otchikin) 之分地。

二 合赤温之分地 證補曰；

也速該三子哈準 (Xachighun) 生子甚多，嗣位者爲伊兒吉歹 (Ilchidai)。窩闊台，蒙哥，呼必賚可汗，(Ogedei, Mönke, Xubilai Kaan) 皆重之。遇大事，必與商。分地在東方，近長城，近主兒只（Djurdje）地。又近亦乞剌思（Ikiras）部地。哈蘭眞額剌持（Xalaldjin Alat）及兀兒古以（Olgui）河。

屠寄氏謂合赤温「少成吉思汗四歲，蚤卒無所表見」又云，「歲癸亥，合剌合勒只沙陀之戰，祕史初見阿勒赤歹之名，知其時合赤温已卒矣。」（蒙兀兒史記成吉思諸弟傳）可從。故嚴密以言之，不可謂爲 Xachighun 之分地，實可謂爲 Alchidai 之分地。關於分地 Berezin 原譯文較詳。曰「在蒙古地域中居正東，接於中國人在 Xara-müren 至 Djurdje（女直）海間所築之邊牆。又至女直之國 Ikiras 部故地。Xalaldjin-Alat 之地，Olgui 河之境。」此所謂 Xara-müren，即黃河，女直海，即直隸灣也。然實拉施特(Rashid-uddin)之誤解，蓋原指金之邊堡，而誤爲萬里長城者也。Olgui 河及 Xalaljin-Alat（祕史 Xala Xaldjit）沙漠，前文已言在今烏珠穆沁左翼之地。據本文最後兩地在阿勒赤歹 Alchidai 分地境上，似又可解爲境外。但如前節所述，元史特薛禪傳，既云翁吉喇惕之册之分地以 Xulgur 河隣於 Alchidai 分地，則後者領有 Olgui 及 Xalaxaldjit 之地無疑矣。又如後文所考證，Belgütei 之分地，南接 Alchidai 之營地，由此推之，阿勒赤歹之分地，北以 Soyorchi 山脈，隣於拙赤合撒兒之分地；以 Kerülen 河，隣於別勒古台之分地。東以興安嶺連於 Ikires 部故地，南以 Xulgur 河，隣於 Ongirat 部册之分地。且與通過喀喇木倫 Xara-müren 河上源地之金之邊堡爲界。

三　帖木格斡惕赤斤之分地。　證補曰：

也速該四子帖木哥斡赤斤（Temuga ujigin）人常稱斡赤那顏（Udji-noyan）其長妃曰珊達克勤，（Sandakchin）爲斡勒忽納特（Olkunut）氏，與謂倫太后同族，咸尊敬之。斡赤那顏好土木，喜建宮室苑囿。成吉思汗愛其幼弟，延之上坐。其子亦令位己子之上。成吉思汗分與軍五千，故部衆甚盛。分地在蒙古東北面界外已無蒙古人。……

Berezin 原譯謂「彼之國與幕庭居東北面，在蒙古之極端因而其方面已無蒙古人中之他族居之者。」其分地在興安嶺之東，爲滿蒙接壤地，已可推測而知。

然長春眞人西遊記，謂以太祖十六年四月朔，達 Kerülen 河東南斡辰大王帳下云云。斡臣大王，卽帖木格斡惕赤斤也。太祖征西時彼曾代理監治蒙古事。不獨 D'Ohsson 蒙古史有(I,22)

明文，元史卷一四九耶律留哥傳亦云：「庚辰（十五年）留哥卒年五十六。妻姚里氏入奏，會帝征西域，皇太弟承制，以姚里氏佩虎符權領其衆者七年。」高麗史卷二二高宗世家謂八年（太祖一六年）八月蒙古使者著古與至高麗「傳蒙古皇太弟鈞旨索獺皮一萬領」。十一年（太祖十九年）東眞國與高麗牒文云：「蒙古成吉思老絕域，不知所存，訛赤忻（斡惕赤斤）貪暴不仁，已絕舊好」，云，皆其證也。因知其在 Kerülen 河東南者，不過爲蒙古監國時之臨時帳殿，設於此處耳。卽實居於 Djuchi Xassar 分地之南境，Alchidai 分地之北境者，而 Temüge Otchikin 自身之分地決不在此。然則彼之分地果何在乎？據拉施特 Rashid-uddin 所傳推測之，似由蒙古東境更及於蒙古人所不住之地方者。蒙兀兒史記加以解釋曰：

按今黑龍江省之黑水、呼蘭、綏化、黑龍諸府，大賚、海倫二廳及巴彥州，遼金時本契丹、女眞、水達達等地，故云無蒙古人。今日彼處達呼爾、鄂倫春、索倫等種獨盛，滿洲人次之，若蒙古種之杜爾伯特，郭爾羅斯等旗，乃元明以來遷居於此。若額魯特，伊克明安一旗，則本朝雍正時遷此。

此言雖值一聽，然殆限於今之松花江以北，故決難謂爲正論也。黑韃事略云：「其頭項分戌，則窩眞，之兵在遼東，茶合䚟之兵在回回，撥都駙馬之兵在河西，各有後顧之憂。」觀此，則太宗之世，窩眞（卽斡赤斤）之兵，曾居遼東，卽松花江以南，已有明證。想太祖親征西域以前，蒲鮮萬奴自立於遼東，耶律留哥通款於蒙古，金之上京路，已不待言：卽東京路亦殆陷於無主之狀態。當此之時，蒙古極東藩王帖木哥斡赤斤，漸次扶植勢力於遼東，不難推測也。太祖二十二年，遼王薛闍（耶律留哥之子）撤藩之後，斡赤斤之權勢益重，當如屠氏之說。（蒙兀兒史記耶律留哥傳）故太宗五年，蒙古得一舉而顚覆萬奴之根據地，（今間島）同時開元、恤品、曷懶等東土亦略定，遂建開元南京萬戶府於黃龍府，（今農安）而得威制遼東也。（參看滿洲歷史地理卷二東眞國之疆域）此事後文再論之。今先就元史卷一二一博羅歡傳之記事，以考斡赤斤（斡惕赤斤）分地之所及如左：

　　諸王乃顏叛，帝將親征。博羅歡諫曰：昔太祖分封東諸侯，其地與戶臣皆知之，以二十爲率，乃顏得其九，忙兀、兀魯、札剌兒、弘吉剌、亦其烈思五諸侯得其十一。惟徵五諸侯兵，自足當之，何至上煩乘輿哉？臣疾且愈，請事東征。帝乃賜鎧甲弓矢鞍勒，命督五諸侯兵與乃顏戰，敗之。……

乃顏，如後文所言，實卽帖木格斡赤斤之後裔也。斡赤斤死後，至此已四十餘年。博羅歡所言，果爲當時分封之疆域否，不能無疑。但其所言，亦難必謂爲妄誕。所謂乃顏得其九者，卽斡赤斤之分地，爲二十分之九也。如此則不得不反問長兄二人之分地如何矣。屠氏辨之曰：「是役東道宗王，大抵皆同逆，而乃顏爲戎首稱乃顏卽兼兩王及別勒古台後王言之。元史此例甚多。」云，此說可以首肯。因而本傳所據之平章忙兀公（博羅歡）碑文，（元文類卷五所收）不用「乃顏」二字而代以「彼」字以指同逆諸王，較爲正確。博羅歡所謂五諸侯乃太祖所封建。其分地在今東蒙古，有聖武親征錄可資推測。其文如左：

戊寅（丁丑太祖十二年）封木華黎爲國王，總率王孤（汪古惕）部萬騎，火朱勒部千騎，兀魯（兀魯兀惕）部四千騎，忙兀（忙忽惕）部木哥漢札千騎，弘吉剌（翁吉喇惕）部安赤那顏三千騎，亦乞剌（亦乞咧思）部孛徒駙馬二千騎，札剌兒（札剌亦兒）部（及）帶孫等二千騎，同北京諸部烏葉兒元帥禿花元帥所將漢兵及北剌兒（似卽比涉兒札剌兒）所將契丹兵，南伐金國。

蓋此次征金軍總督木華黎，實以左手萬戶爲統轄哈剌温山（興安嶺）方面諸部之人。弘吉剌之分地，在西喇木倫河流域，王孤居陰山方面，皆無可疑。而漢契丹軍之指揮，既由北京路元帥任之，則其他從軍諸部之所在，自不外東蒙古矣。元史卷五八地理志上都路條，有元初爲札剌兒部兀魯郡王營幕地」等語。其文太簡，不能知其眞意。要之似謂上都路之地，在元初爲札剌兒部與兀魯部之分地者。所謂兀魯郡王者，蓋因兀魯兀惕之怯台，當太宗朝封德清郡王，故有此稱。又由 Ongirat 部之火忽分地與太祖從子 Alchidai 之分地考之，Ikira（亦乞剌）即 Ikires（亦其烈思）部，在西喇木倫河支流喀喇木倫以東明矣。獨忙兀（忙忽惕 Monggut）之分地，全不能知，是爲遺憾。要之其在東蒙古，亦可推測也。以上只就太祖始建之分地言之。其後經七十餘年，至乃顏叛時，果能依然維持其封域否耶？據博羅歡之言，此等五諸侯似與乃顏同駢立於東蒙古者。其果然耶？亦不能無疑。蓋成宗時作成之拉施特集史，稱喀喇木倫東爲亦其烈思故地，太宗時紀行之黑韃事略，謂『撥都駙馬（亦乞烈思之孛禿）之兵在河西』。其他諸部之長，皆次第積功，得食邑於漢地，又散見於元史，而絕無北方分地之記載故也。獨於翁吉喇惕之分地，立應昌府，後稱應昌路；此因藩主自請於朝而有此事，既如前述。則其他諸部，亦當有若干類似之變遷。惜全失傳，今已無考；姑闕疑以俟他日之研究可耳。

乃顏者，帖木格斡惕赤斤之玄孫也。至元二十四年四月，誘東方諸王而叛，遙與漠北叛王海都相呼應，實爲元朝一時之大憂。五月，世祖親征，六月與乃顏會戰，乃顏敗而爲虜，遂伏誅。其時馬哥孛羅方在大都燕京，記其傳聞頗詳，雖不能謂其必確，但其可資參考，則可斷言也。據其所記，由宮城（上都）至 Nayan，有三十日以上之行程。世祖疾行赴之，二十日而至云。今考元史世祖由上都出發，爲五月十三日壬寅，（或十四日癸卯）此後第二十日或二十一日爲六月三日壬戌日，到撒兒都魯之地。（世祖紀）是夜襲乃顏一部隊，破之，追至不里古都伯塔哈，又破之。（玉哇失傳）更進至失烈門林(Sira-müren)之失剌斡兒朵(Siraordo)，破乃顏而誅之。（洪萬傳）是爲六月下旬之事。（世祖紀）故馬哥孛羅將六月三日夜撒兒都魯之會戰，誤爲最後之激戰也。撒兒都魯所在不明，恐在哈喇木倫 Xara-müren 之西。按元史卷一五四洪萬傳有云：『六月至撒里禿魯之地，同都萬戶闍里鐵木兒與乃顏將黃海戰，大敗之。又從世祖與塔不台戰，又敗之。是月至乃顏之地，奉旨留蒙古女直漢軍，鎮哈剌河。復選精騎扈駕至失剌斡耳朵，從御史大夫玉速帖木兒討乃顏。』哈剌河爲今之貫流巴林右翼旗之哈剌木倫 Xara-müren 已無疑，而云「是月至乃顏之地，」則哈剌木倫以東之地，似爲當時乃顏之領地。果然則翁吉喇惕部之領地，既被乃顏侵略，其東境亦乞咧思部之領地，亦全沒矣。哈丹禿魯干及火魯火孫等之兵，深入興安嶺之西，由嶺西Xulgur, Ulkur Xailar 西諸河至嶺東 Kueiler Taur Nonni, Sungari 諸河，於是西喇木倫河北之地，全爲兵馬奔馳之區，甚且南至吉林開原，東越圖們江，騷及朝鮮北部矣。然若徒述此等情形而比定其地名，對於本問題，並無所利，故概從省略。但馬哥孛羅對於 Nayan 之領地，曾有記述，茲錄於左；

Now the provinces that had been under the Lordship of Nayon were four in number, to wit, the first called Chorcha, the second Cauly; the third Barscol; the fourth Sikintinju. Of all these four great provinces had Nayan been Lord; it was a very great dominion (Yule & Cordier, 1343.)

Chorcha 爲女直，Cauly 爲高麗，無論何人皆無異論。但 Barscol, Sikintinju 之考證，有 Yule, Cordier, Parker 等諸氏之說。但彼等自身亦不以爲滿足。（註一）馬哥孛羅之言之不足深據，誠如 Parker 氏之說，殆爲 Barscol，或 Kerülen 河之中流左岸 Bars Xotun（巴拉斯城）亦未可知。但說明乃顏領地時，不應不指出肇州之名，則 Sikintinju 或即始興與肇州之併稱乎，按始興者縣名，金肇州之治所也。金之肇州，據曹廷杰氏云在今第二松花江之北，遜札堡站東北十餘里之珠赫店，一名朱家城子。（註二）然據津田池內兩氏之硏究，實在其對岸。元明時代之肇州則與此異。所謂在江北者，乃遼東志之說也。曹氏比定爲遼之出河店，金之肇州之珠赫店，實元明之肇州也。

（註一）Yule and Cordier, Marco Polo, I, 344-5, note.

（註二）東三省輿地圖說，得勝陀瘞碑記，吉林通志卷一一。

（註三）據津田氏達盧古考（本報告第二册七九——八一頁）及池內氏遼代混同江考（東洋學報第六卷七七——七九頁）遼之出河店，金之肇州，在今遜札堡站之西南，松花江之南，金代去江五里。

（註四）箭內博士自撰之滿洲之元之疆域及元明時代之交通路（滿洲歷史地理第二卷）

猶有當一言者，元史卷一六九劉哈喇八都魯傳有記事如左：

居二年（至元三十年）召還，帝諭之曰，自此而北，乃顏故地曰阿八剌忽者，產魚，吾今立城，而以兀速，憨哈納思，乞里吉思三部人居之，名其城曰肇州，汝往爲宣慰使。

Cordier 以阿八剌忽（Abalahu）擬於馬哥孛羅之 Barscol。（註一）屠寄云『今黑龍江省呼蘭府西有巴爾斯和屯，譯言虎城，元時爲肇州，卽乃顏故地阿八剌忽。』而以巴爾斯和屯比定於阿八剌忽。（註二）吾昔考肇州之位置，引用此記事時，雖讀爲阿八剌忽者，但終不能得其比定而止。（註三）前記兩氏，雖讀爲阿八剌忽，吾人終覺應讀爲阿八剌忽者。按元史卷一〇〇兵志屯田條云：

肇州蒙古屯田萬戶府，成宗元貞元年七月，以乃顏不魯古赤及打魚水達達，女直等戶，於肇州旁近地開耕，爲戶不魯古赤二百二十戶，水達達八十戶，歸附軍三百戶，續增漸丁五十二戶。

在此文中，『乃顏不魯古赤，』又略稱爲『不魯古赤，』由此觀之，前者可解爲『乃顏之不魯古赤，』又可解爲『乃顏之故地（故城）之不魯古赤。』果然，則劉哈剌八都魯傳之阿八剌忽者，卽此不魯古赤也。而世祖既自云『乃顏故地曰阿八剌忽者，』成宗時云，『乃顏不魯古赤，』則以此地（卽肇州）爲乃顏根據地，（或根據地之一）決非架空之說也。明初兀良哈三衞之一，有朶

顏之名，可爲三衞代表的名稱，吾人昔謂出於乃顏之假說，可謂有相當之理由矣。（註四）

要之，Temüge-utdjikin 之分地，拉施特記爲「在蒙古東端蒙古人不住之所」。黑韃事略又曰：「其兵在遼東」。博羅歡傳又謂「東方諸王侯分地中二十分之九爲 Utdjikin 之裔 Nayan 所有。」Nayan 之根據地，又似遠在松花江流域之肇州者。由此思之，蓋始封之際，單以興安嶺之東，滿蒙接壤地方爲分地；爾後逐年經略，至乃顏時又蠶食西喇木倫以北諸部；嫩江下流流域，已不待言；卽吉林以北之松花江流域，亦歸其管轄矣。

（註一） Marco Polo, I. 345, note

（註二） 蒙兀兒史記成吉思諸弟傳。

（註三） 箭內博士自撰之滿州之元之疆域。（滿洲歷史地理第二卷四二七頁）。

（註四） 本書兀良哈三衞名稱考。

## 四　別勒古台之分地

別勒古台之分地，證補（卽拉施特之書）未曾言及；但云「今別勒格台後王仍在可汗處供職」耳。幸而元史卷一一七別里古台傳之記事，可補其缺。其文如左：

其子孫最多，居處近太祖行在所，南接按只台營地……嘗立（別里古台）爲國相，又長札魯火赤，別授之印，賜以蒙古百姓三千戶，及廣寧路恩州二城戶一萬一千六百三，以爲分地。又以斡難怯魯之地建營以居

斡難，卽（敖嫩）Onon 河，怯魯卽（克魯倫）Kerülen 河，太祖行在所，卽 Kerülen 河與 Senkür 河會合點附近之大斡魯朵，故列勒古台分地，大概占今車臣汗部北半西界。Senkür 河流域，南隔 Kerülen 河流域，連於按只台 Alcjhidai 之分地。東以 Oldja 河下流流域，隣於拙赤合撒兒之分地。

附　太祖諸弟之分民分兵

太祖諸弟之分地，前節已略述之矣。茲再就與分地有關係之分民分兵考之。祕史卷一〇曰：

成吉思合罕勅曰分民於母及子及弟，分時『聚國民頗難者，爲我母長子拙赤我末弟斡惕赤斤。』母在斡惕赤斤之分中，與以萬民。母以爲不足而不作聲。拙赤與以九千之民，察阿歹與以八千之民。斡哥歹與以五千之民，脫雷與以五千之民，合撒兒與以四千之民，阿勒赤歹與以二千

之民，別勒古台與以一千五百之民。（成吉思汗實錄四〇七——八頁）斡惕赤斤雖爲末弟，而與以最多數之民者，因蒙古之俗末子承續其家，有養父母之義務也。其次則太祖長子拙赤最多，異母弟別勒古台最少，亦理所當然。（註一）此分民爲何年之事，雖不能明。但祕史之記載，皆順年代者；由此察之，蓋在太祖征金（十一年）以前。其後太祖於出征西域之先，定合罕後繼者時，並爲合撒兒，阿勒赤台，斡惕赤斤，別勒古台等四弟各定一相續者。詳見祕史卷一一，（成吉思汗實錄四七二——三頁）無庸絮說。

（1）參看蒙兀兒史記成吉思諸弟傳。

（2）據元史別里古台傳，太祖賜別里古台蒙古百姓三千戶，則較阿勒赤歹爲多，蓋其後加賜者。

分民之事，亦見於祕史。至於分兵，（卽分配軍隊）則只可徵於拉施特之記載。D' Ohsson 曾譯之，載於所著 Histoire des Mongols 中。吾前作元朝怯薛考，說及太祖軍隊時，曾摘錄 D' Ohsson 之譯文，而指出與祕史矛盾諸點，全然存疑。今又逢此問題，復加以研究，已略得其解釋。今因與太祖諸弟分兵問題有關，故再就拉施特之記載，加以批判焉。D' Ohsson 之譯文如左：

Son armée était, á sa mort, de 129 mille hommes. 11 en donna à Toulour 拖雷 101 mille, divisés en trois corps, le centre (coul), l'aile droite (baraoun-oar). et l'aile gauehe (tchaoun-car). Le centre n'était compose que de mille hommes, qui formaient la garde de Tchinguiz khan; C'était son propre régiment, Commadé par le noyan Tchagan, 察罕 nè tangoute 唐兀惕 dont il avait pris soin depuis l'age de 13 ans, et qu'il appelait son Cinquiéme fils. Tchagan était en même temps Capitaine de la premiére compagnie de cette garde. Les autres centeniers étaıent attaches par des emplois au quatre grands ordous, ou cours des quatre impératrices, femmes de Tchinguiz-khan, oū ils remplissaient les fonctions d'intendants de la table, d'écuyers, etc. Ce régiment était tenu aux mèmes prestations, en chevaux de relais, en provisions de bouche, etc, que les autres de l'armée L'aile droite, forte de 38 mille hommes, était commandée par le noyan Bouryoudji 孛斡兒出, de la tribu Erlate 阿魯剌惕, il avait son prepre régiment. L'aile gauche, de 62 mille hommes, obéissait à Moucouli 木合黎, de la tribu Tchélaire 札剌亦兒……(11, pp. 3-4).

Il restail 28 mille hommes. Tchinguiz-khan en donna quatre mille à chacun de ses autres fils, Djoutche 拙赤, Tchagataï 察阿歹 et Ogotaï 斡歌歹; quatre mille à son cinquiéme fils Goulgan 闊列堅, cing mille à son frère Cadet Utdjuken 斡惕赤斤, trois mille au fils de son frère Catchioun 合赤温, trois mille à sa mēre Ouloun 訶額侖, et mille aux fils de son frère Djoutchi-Cassar 拙赤合撒兒, Ces troupes et leurs familles passaient en héritage au chef de la branche qui les possédait, et ce chef commandait à tous les princes issus de la même branche.（註一）(11, p. 5)

卽言太祖臨終之日，由其兵十二萬九千人中，以十萬一千人與拖雷，而分爲中右左三軍。中軍一千人，察罕率之；右軍三萬八千人，孛斡兒出率之；左軍六萬二千人，木合黎率之也。祕史所謂「任為凭右手 (baraghun Xar) 之阿勒台山之萬戶」之孛斡兒出 (Boghorchu) 「任為凭左手 Djaghun Xar 合喇溫山之萬戶」之木合黎 (Muxali) 及「任為中 (döb) 萬戶之納牙阿 (Noyagha)」即記此事者。所不同者，惟納牙阿與察罕耳。據元史卷一二〇察罕傳，察罕為 Tangut 人，幼養於太祖正后 Börte，稍長給事內廷。太祖征伐金國時，始從軍，野狐嶺附近之戰有功，任為御帳前首千戶。蓋太祖始組織三軍時，納牙阿任為中軍之長。未幾而歿。太祖六年，察罕任千戶，始代為中軍之長歟？所可怪者，中軍兵數僅一千人，其果無誤否耶？

今先根據拉施特之記事，將所謂三軍兵數，及諸子配當之兵數，列表如左：

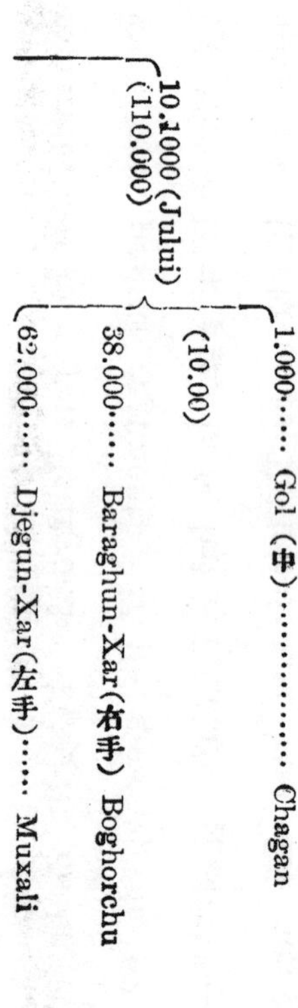

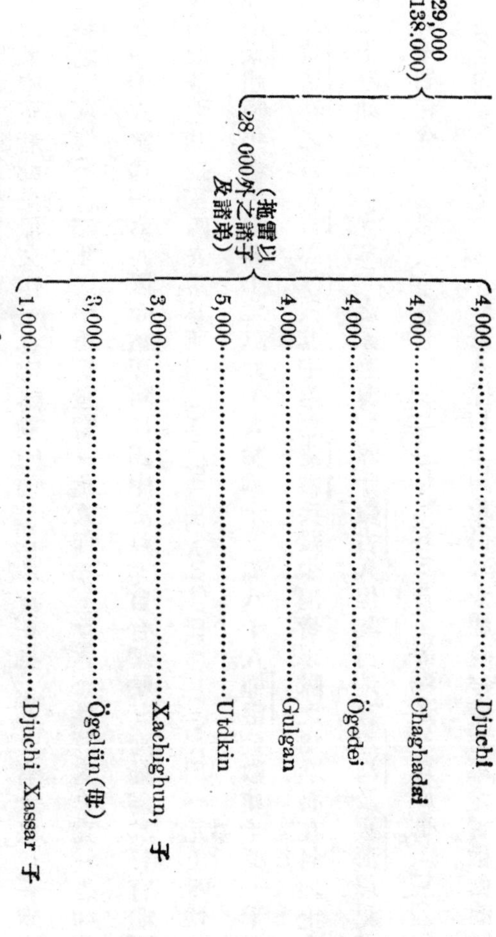


(1)文中之漢字人名，爲元史祕史之譯字。

觀右表，無論何人。皆知中軍之兵數過少。但拉施特稱中軍爲 legarde de Tchinguiz-khan，又稱爲 Son propre régiment，而其兵僅一千人，果可信耶？祕史卷九，記成吉思汗編制客失克田

(Keshikten) 事有云：

由千戶千戶選來者，爲八千侍衞宿衞與箭筒士共爲二千。（三者合并）成番士萬人成吉思合罕勅曰「勵我等貼身番士萬人而爲大中軍。」（成吉思汗實錄三七五——六頁）

此所謂大中軍者，祕史原文作「也客豁勒」卽 Yeke gôl 也。Yeke 者大也，gôl 者中也；相當於拉施特之 Kul (Coul)，此大中軍兵數實一萬人卽 Keshik（怯薛客失克）也。如此，則中軍之兵數非一千人，當爲一萬人，因而納牙阿任爲中萬戶，亦自合理。納牙阿始爲其長官，繼而察罕代之。其後因故改之。其長官四人，當爲所謂 Dörben Keshighütün Ötökü（元史四怯薛長）之制。果然，則太祖晚年，總兵數非十二萬九千人，實爲十三萬八千人。拖雷兵數，非十萬一千人，實爲十一萬人。據拉施特之言成吉思汗與其子弟之蒙古兵雖少，但皆軍隊之主腦，而在封地土人所組織之軍隊之上。例如長子 Djuchi 之家，雖與以四千蒙古人，但其封地有黑海及裏海以北之廣大地域，其軍隊中實包含 Russ, Circass, Kipchak, Madjar 等幾多異民族也。(D'Ohsson, Hist. d. mongols, 11,5-6 note.) 吾人據以上論證得知太祖晚年蒙古軍之實數。由前數觀之，太祖子弟中拖雷最多，得全數之一成二分餘。彼爲守蒙古本土之人，不足怪也。惟末弟斡赤斤，獨超越拙赤以下諸子，而賜以次於拖雷之兵數，則不可不加研究。表面斡赤斤兵只五千人，較拙赤等僅多一千人，惟其母訶額侖分有三千人，當加入斡赤斤之軍隊，亦當與分民相同；故斡赤斤之兵數實達八千人。其分民既占第一位，分兵又僅次於拖雷，則太祖之愛斡赤斤可知。然細尋其理由，覺只謂太祖愛重末弟者，尚屬皮相之談。蓋太祖因重視東方經略，欲以斡赤斤專當此大任，故特分賜以多數兵民耳。

## 第五章　諸路建置之歷程與其疆域

元代諸路，置於今東蒙古之地者，凡十一。此外有一總管府。除大寧路屬遼東行中書省外，其他皆屬中書省。今從元史卷五八——五九地理志之次序，列舉如左：

上都路　興和路　德寧路　淨州路　泰寧路　集寧路　應昌路　全寧路　寧昌路

砂井總管府　大同路　大寧路

德寧路以下七路，及砂井總管府，地理志僅記路名與領縣之名；其建置沿革，則無記載。故只能根據元史紀傳及其他記錄等零碎資料，推定各路治所之位置，而決其果否爲今東蒙古之一部。今試就上列各路，考其建置沿革，並推測其疆域之一斑。

## 1 上都路

地理志曰：

上都路，唐爲奚契丹地。金平契丹，置恆州。元初爲札剌兒部兀魯郡王營幕地。憲宗五年，命世祖居其地，爲巨鎮。明年世祖命劉秉忠相宅於桓州東灤水北之龍岡。中統元年爲開平府。五年以闕庭所在，加號上都，歲一幸焉。至元二年置留守司。五年升上都路總管府。十八年升上都留守司。兼行本路總管府事。

按桓州乃恆州之謁也。所謂加號上都者，非中統五年事，實四年五月事。且同時置上都路總管府。又謂「至元五年升上都路總管府」者亦誤。關於留守司事，當以世祖本紀爲正。本紀云，「至元三年七月壬寅詔上都路總管府，遇車駕巡幸，行留守司，車駕還，卽復舊。」按灤水又名灤河，一名烏灤河，卽今之灤河。但上都附近以上，今稱上都河，訛爲商都河，閃電河。其北之龍岡，卽開平府，又稱上都。大清一統志卷四〇九之二御馬廠古蹟條云：

開平古城，在牧廠東灤河北岸巴哈呼爾虎之城，土人呼爲「兆奈曼蘇默忒」，直獨石口東北二百二十五里。

巴哈呼爾虎，爲 Baga Xurgu 之譯音，小棚之意。桓州古城條，以此爲山名。兆奈曼蘇默忒，爲 Chao Naiman Süme-tu之對音，爲「有百八廟」之意。水道提綱卷二曰：「今曰昭乃滿蘇默城，有昭乃滿寺。」 D'anville 之中國地圖中，有 Tchao Naiman Soumé Hotun。日本陸地測量部之東亞輿地圖，有宋蘇南北城，蓋近年之命名也（註一）

（註一） 上都遺址之踏查報告，有 S. W. Bushell, Notes on the old Mongotian Capital of Shangtu(Journ R. A. S. of Gr. Brit. and Irl. N.S., VII, 329-338); A.M. Oozdneiv, Mongolia and Mongols, 11,（東亞同文會譯東都蒙古四一〇——四二六頁）及桑原博士東蒙古地方旅行報告書（歷史地理第十八卷五三九——四四頁）鳥居龍藏氏，蒙古旅行五〇三——五頁）等。

上都路治於開平縣，領有順寧府、興州、松州、桓州、雲州。順寧府始稱宣德府，領三縣二州，與雲州同在長城之內，附圖中已示其位置。今只就其餘三州一言之。

興州　地理志曰：「唐爲奚地。金初爲興化郡，隸北京，後爲興州。元中統三年屬上都路，領二縣，興安（下，至元二年置）、宜興（中，至元二年置）。」據世祖紀，興州於中統三年二月離北京路，但非入上都路，乃入開平府者。興州及州治之興安縣，在今承德府灤平縣治西南一里餘，名喀喇阿屯(Kara Hotun)。宜興縣，卽灤平縣西北七十五里興州河南三里之小城子。熱河志卷六一建置沿革，卷九七古蹟，已有論證，今從之。

松州　地理志曰：「本松林南境，遼置松山州，金爲松山縣，隸北京大定府路。元中統三年升爲松州，仍存縣。至元二年省縣入州。」按北京大定府路，正稱當爲北京路。中統三年二月，松山縣由北京路移歸開平府，可據世祖紀補之。松山縣升爲松州，謂在三年者誤也；據世祖紀在四年五月。松州之位置，據熱河志卷九七古蹟，卽今翁牛特右翼旗赤峯縣南境之小烏珠穆沁云。

松州　地理志曰：「本上谷郡地，金置桓州。元初廢，至元二年復置。」按太祖六年初征金時，桓州被速不台等之兵占領，觀元史卷一二二雪不台傳及槊直腯魯華傳自明。（但雪不台傳謂七年者誤也）金之桓州城，蓋由此時爲廢城，至至元二年再興者。州城之位置，據大清一統志四〇九之二御馬廠古蹟條云：「在牧廠北界開平城之西，土人呼爲庫爾圖巴爾哈孫城，直獨石口東北一百八十六里」，（註一）諸書皆從之。其下又云。「宣府舊志，州本烏桓所居故名，有二城，南爲新城，北爲故城。相去三十里。」或疑所謂故城者，殆卽金之桓州，新城者殆元之桓州，實決不然。故城實卽烏桓城，新城乃指金元之桓州，詳觀舊志之文自明。然謂烏桓城卽桓州故城，在桓州新城（庫爾圖巴爾哈孫 Kurtu Balgarun）城北三十里之地，亦不能無疑。蓋兆奈曼蘇默忒城（卽開平）與庫爾圖巴爾哈孫城，相距不過三四十里。前者既居後者之東北，則桓州故城，雖難謂必當兩者之通路，但不能想爲桓州故城在桓州新城正北三十里也。元王惲中統二年二月由燕京至上都（開平）之旅行記載在所著中堂事紀（口北三廳志卷十三藝文志所收）有云：

二十四日乙酉，次桓州故城西南四十里有李陵故臺……二十七戊子，次新桓州西南十里外，南北界壕，尙宛然也。距舊桓州三十里，二十八日己丑，飯新桓州，未刻扈從鑾駕入開平府……

按方志蓋東漢烏桓地也。距新桓州四十有五里。據大清一統志卷四〇九之二御馬廠古蹟條，李陵臺卽今博羅城(Boro Hotun)。明代爲開平西南第二驛名威鹵（又作威虜）驛，第三驛曰明安驛。元代亦同名。見口北三廳志所收元周伯琦扈從北行前紀。據大清一統志，卽今之五藍城(Ulaghan Hatun)也。而水道提綱卷二灤河條云：

灤河源出獨石口外東南山中……西北流二百里至御馬廠地烏藍城西，折而東北百里，經波羅城西，又東北九十里經舊桓州城東南，又東北四十里經元故上都開平城南。

故當據中堂事記以開平西南四十五里之新桓州，爲 Kurtu Balgasun；新桓州西南三十里之舊桓州，在 Kurtu Balgasun 西南約四十里 Boro Hatun 東北約五十里之地。且當在明代及元代之交通路上求之，較爲穩當。果然，則大清一統志（可云宣府舊志）謂舊城在北新城在南者，其失誤已甚明瞭。又此所謂新城，實不外金元時代之桓州。（一）徵於元史地理志及世祖紀等，以開平爲在「桓州東灤水北」，可以無疑。（二）中堂事記謂新桓州西南十里外，南北界濠宛然，與金史地理志所謂桓州北一里半至舊界者，實相照應。（三）由新桓州言之，可謂開平爲東，由舊桓州言之，決不能謂爲東也。又中堂事記舊桓州條絕末記有界濠，益明。

（註一） 桓州，據金幼孜北征錄，楊榮北征記等，皆作環州。蒙古名作 Kurtu-Balgasun，或由此出。白鳥博士云，蒙古語 Xuri有圍字意，故轉而爲圍地牆垣之意，而稱爲 Xorija, Xorjan, Xorogha, Xorgan。（史學雜誌第三十六編六〇二頁室韋考）故 Kurtu 爲 Xur-tu，即「有牆垣」「有環衛」之意也。

## 2 興和路

地理志曰：

興和路，上。唐屬新州。金置柔遠鎮，後升爲縣，又升撫州，屬西京。元中統三年以郡爲內輔，升隆興路總管府，建行宮。

據世祖紀中統三年十一月，撫州非升爲隆興路，實升爲隆興府者。十二月建行宮，至元四年正月，始析上都隆興府爲一路，名隆興路，行總管府事。至大元年，旺兀察都行宮成，立中都留守司。四年四月，罷留守司，復置隆興路總管府。皇慶元年十月，改隆興路爲興和路。由此可知地理志之記載略筆失筆頗多矣。

然則金撫州治所之柔遠縣，當卽隆興路，又卽興和路治所之高原縣。至其遺址，據大清一統志卷四〇九之六，鑲黃等四旗牧廠古蹟條云：

興和故城在牧廠西南二十里，南至張家口百里，……舊志興和城在開平西南四百餘里，宣府北三百餘里，膳房堡邊外，開平之通道，宣府之外藩也。……按此城，土人名喀喇巴爾哈孫城。周六里餘，門四，故址猶存，卽興和城也。

Palladius 亦謂當北京恰克圖之大道，而以張家口之北約三十哩之 Khara Balgasun 充之。(註一) D' Anville 之中國圖作 Kara Hotun。一統輿圖作哈拉城。Rutten 之中央蒙古地圖(註二)作 Sin-ho-tch'eng。(興和城)(註三)

(註一) E. Bretschneider, Mediaeval, Researches; 1 46, note.

(註二) Carte de la Mongolie, Vicariat Apostolique de Mongolie, Centrale, par le R, P. Rutten. 1905

(註三) 元世祖紀云：「歲丙辰（憲宗六年）冬駐于哈剌八剌合孫之地」合剌八剌合孫，雖爲 Xara Balgasun 之對音，但其前文云，「歲甲寅秋八月至自大理，駐桓撫間，復立撫州。……歲乙卯春後駐桓撫間」。由此考之，不能謂合剌八剌合孫，爲當時撫州之別名。蓋蒙古人嘗通皆呼廢城爲 Xa'a Balγasun 也。

據地理志，本路領高原、懷安、天成、咸寧四縣、及寶昌州云。高原縣爲路治，卽今之所謂興和城也。懷安縣，在今懷安縣東二十里。天成縣爲今天鎮縣治，皆在塞內。咸寧縣，蓋威寧縣之誤，金世爲撫州屬縣。金史地理志云：「承安二年以撫州新城鎮置。」大清一統志卷四一〇之一，謂在察哈爾正黃旗西南八十餘里。又云，「威寧海子在旗南八十里，蒙古名希爾池，納林河七金河並注其中，舊有威寧城，在其西南。」則在今豐鎮之北，近於興和路之西境。

寶昌州，據地理志云，「金置昌州，元初隸宣德府，中統三年隸本路，置鹽使司。延祐六年改寶昌州」，則延祐六年九月以前，名昌州也。其位置，據金史卷二四地理志云：

昌州天輔七年降建昌縣，隸桓州，明昌七年以狗濼復置，隸撫州，後來屬……縣一，寶山（有狗濼，國言曰押恩尼要。）

元張德輝紀行云：

北入昌州，居民僅百家，中有廨舍，乃國王所建也。亦有倉廩，州之鹽司，州之東有鹽池，周廣可百里，土人謂之狗泊，以其形似故也。

Rutten 之蒙古圖，Sin-ho-tch'eug（興和城）之西，有北流之河，至 man-t' eaw-ying-ze（饅頭營子?）之北之廢城 Pai-tch'eng-ze（白城子）之東，成相連二小湖。南曰 Hoangkai-noor 北曰 Ta-noor。其水又出 Ta-noor，北流後，西折而入 Anguli noor（昂古里泊）云。口北三廳志卷二，山川大水濼條云：「新河口外白城子東，興和城北，土人呼爲伊克腦兒，水與昂古里濼相通，伊克華言大，腦兒華言水濼也。」則前之 Ta-noor 爲大腦兒之對音，蓋卽伊克腦兒（Ike-nôr）也。而金史地理志之狗濼，（所謂國言押恩尼要者，大之意，爲女眞語之引答洪，滿洲語 Inda-hon 之對音）張德輝紀行之狗泊，亦皆指此。周伯琦扈從北行後記之懷禿腦兒，亦屬異名同湖。今其湖水雖小，猶有大湖之名。相傳當時通稱「周廣可百里」云。然則今之白城子，爲金元昌州之遺址，實無疑。Palladius 稱白城子爲 Tsagan Balgasun，（白城之意）謂在 Khara Balgasun（興和城）西北八哩云。（註一）

（註一） Bretschneider, med. Res 1 48 note

大清一統志，對於昌州故城，無何記載。其鑲黃等四旗牧廠古蹟條云：

沙城在牧廠西北二十里，舊興和城北十里，元時所建。楊榮北征錄（註一）沙城卽元中都，此處最宜牧馬。按此城土人名插漢巴爾哈孫城，周七里，門四，故址猶存。

（註一）金幼孜北征錄云：「上又曰適所過沙城，卽元之中都，此處最宜牧馬。」（前錄）又云：「四月初五日，移營於興和北十里沙城。」（後錄）謂編一統志者楊榮之北征錄中有此記事者，誤也。按北征前錄作於永樂八年，後錄作於永樂十二年，扈從明成祖親征北虜之金幼孜之紀行錄也。楊榮之扈從在永樂二十二年，其紀行錄曰北征記，非北征錄也。

沙城之名，元史卷一一世祖紀僅云，「至元十八年閏八月遣兀良合帶運沙城等糧六千石入和林。」果與此爲同名同地否，殊不易知。但一統志所謂沙城，實不外金元之昌州。明成祖謂此沙城爲元之中都，然乎否乎？今試加以研究如下：

按元之中都，爲武宗卽位之年所建。元史卷二二武宗紀曰：「大德十一年六月甲午，建行宮于旺兀察都之地，立宮闕爲中都。」至大元年七月條曰：「旺兀察都行宮成，立中都留守司，兼開寧路都總管府。」三年十一月，下建築中都城之勅。四年正月，武宗崩，其工遂止。又至正十二年，扈從順帝赴上都之周伯琦有扈從北行後記。至正二十八年扈從順帝逃出大都之劉佶有北巡私記，兩書中皆曾記有中都之事，對於中都之位置，可供參考。扈從北行後記云：「府（興和）之西北，名新城。武宗築行宮其地，故又名中都，今多圮毀，大駕久不臨矣。」北巡私記云：「閏七月二十八日出建德門，……二十九日車駕至居庸關，……三十日次鷄鳴山，八月初一日次營口，初九日至中都，十五日至上都。」由此觀之，即在興和城西北附近之地。北征錄謂沙城即元中都，一統志以插漢巴爾哈孫擬爲沙城，皆可謂得正鵠矣。

武宗紀有云「旺兀察都行宮。」泰定帝紀云：「泰定三年八月辛丑次中都，畋于汪火察禿之地。」（元史卷三〇）則中都在旺兀察都（即汪火察禿）之地無疑。元史，旺兀察都，一作「汪火察禿，」又作「王忽察都。」（元史卷三一明宗紀卷三三文宗紀）金史之旺國崖，（金史卷六世宗紀卷二四地理志等）中堂事紀之望國崖，蓋亦同名同地。旺國崖在撫州，世宗大定八年五月改稱「靜寧山，」見於金史。中堂事記云：「按灤野（灤水之野）蓋金人駐夏金蓮源隰一帶，遼人曰

「望國崖」是也。今蒙古語之 Onggacha，有船槽、凹地之意，因灤河上流流域以西，張家口外一帶之地湖沼頗多，故稱為 Onggacha，又稱 Onggacha-tu（有湖沼）也。「旺國崖」、「望國崖」當為 Onggacha 之對音。「汪火察禿」、「旺兀禿都」、「旺忽察都」當為 Onggacha-tu 之對音。

（註一）近日刊行之滿蒙叢書本口北三廳志卷三古蹟沙城條註云：「沙城、昌州、王國崖、旺兀察都、中都，皆同地」云，與鄙見相合，可喜。

然則旺國崖、汪火察禿，與元初著名之金蓮川有何關係歟？按「金蓮川」之名，始見於金史世宗紀大定八年條云：「五月庚寅，改旺國崖曰靜寧山，曷里滸東川曰金蓮川。」地理志桓州條云：曷里許東川，更名金蓮川。世宗曰：蓮者連也，取其金枝玉葉相連之義。」是故金蓮川之原名非名「曷里滸東」，亦非「曷里許東」，而為「曷里滸」，或「曷里許」。試觀金史卷八九移剌子敬傳有車駕至曷里滸之語自明。蒙古語稱雜色斑色曰 alak，「曷里滸」即其對音也。此地有各色金蓮花，故有此名。果然，則所謂「曷里滸東川」者，即「金蓮花東川」之意，亦即「金蓮花甸東部」之意。雙溪醉隱集卷五所謂金蓮花甸，在漠北 Orkhon 河上流流域者，與此金蓮川異同書「紅叱撥」

之詩注曰，「余避暑所川野無非金蓮，金蓮川由此得名」云云，當指漢南之金蓮川者。元史卷六四河渠志云：「灤河源出金蓮川中，」其語雖不詳但謂灤河上流流域，卽今所謂上都河流域稱爲「金蓮川」，當無妨也。又元史對於世祖潛邸時代建幕府之桓撫二州地域，亦稱「金蓮川」。由此觀之，所謂「金蓮川」者，爲今張家口外廣大地域之總名。東自上都河流域西至昂古里泊皆是。果然，金蓮川殆卽旺國崖，旺兀察都歟？試觀金大定年間始呼「金蓮川」；其原名本爲「曷里滸東川」，乃指此地域之東部者。其西部則曰「旺國崖」。自此年改名之後，「金蓮川」遂爲此地域全體之名。「旺國崖」卽「靜寧山」，當指昂古里泊以東某山（其實邱也）者。（註一）「金蓮川」之名，盛行於元初，爾來經年既久，遂歸消滅。至武宗時，殆以 *Onggacha* 之名代之矣。（註二）

（註一）金幼孜北征錄云：「三月初七日早發興和行數里過封王陀今名鳳凰山山西南有故城名沙城。北有海子，鴛鴦鴻雁之類滿其中……」則封王陀一名鳳凰山，殆卽昔時之靜寧山歟？

（註二）元史世祖紀有「瓜忽都」與「爪忽都」之地名，如下：「歲辛亥六月憲宗卽位，同母弟惟帝最長且賢，故憲宗欒盡屬以漠南漢地軍國庶事，遂南駐爪忽都之地。」又云「歲甲寅（憲宗四年）秋八月至自大理駐桓撫間，復立撫州，冬駐爪忽都之地。」其爲同一地名，無論何人，皆能知之。但瓜爪二字孰正，則頗難定。然乾隆朝史臣，將兩者皆改爲「扎固圖」，則似以爪爲正。再觀元史屢將爪哇誤爲瓜哇，則寧取爪忽都而捨瓜忽都也。若果爲爪忽都，則聲音上與旺忽察都殆稍近似。若想像爲旺忽爪都之倒誤者，固有牽強之嫌；但此地爲世祖受其兄憲宗之命，着手經略漢南漢地時，最先開幕府之地，故考定其所在，甚屬必要。姑述臆說於此，求讀者之叱正。

## 3 德寧路

地理志曰：

德寧路下 領縣一，德寧下。

地理志以下七路一府，皆有類此之語。其小字下字，乃依戶口之多寡，將路府州縣，分上中下三等，此下字乃表示其爲下路下縣者。元史本紀有足補此記載者如左：

大德九年七月癸丑，以黑水新城爲靖安路。（卷二一成宗紀）

延祐五年三月，改靜安路爲德寧路，靜安縣爲德寧縣。（卷二六仁宗紀）

至順二年三月，趙王不魯納食邑沙淨、德寧等處蒙古部民萬六千餘戶饑，命河東宣慰，發近倉糧萬石賑之（卷三五文宗紀。）

觀第一第二兩條，足知本路之建置沿革；觀第三條，則知本路與沙井、淨州相近。由此考之，黑水新城之地或在西流於朔平邊外而注入黃河之黑河流域，或在南流於烏剌忒部，涸於黃河之北之哈剌木倫河（黑河）附近。但前者爲西京路豐州之領域；姑擬於後者；仍待考。（參看下文淨州路條）又德寧路之前身，元史作靖安路，又作靜安路，未知當何從。但靖靜同音，已無待言。

## 4 淨州路

元史地理志只云「淨州路下，領縣一，天山下。」元史仁宗紀曰：

延祐四年三月丁卯朔，陞靖州爲路。（卷二六）

觀此可知本路之建置。蓋靖州卽淨州，元史又作靜州。然英宗紀又曰：

至治二年七月庚申陞靖州爲路。（卷二八）

究當何從，殊不易知。按泰寧路之新設，與靖安隆興二路之改稱，皆在仁宗朝。則靖州路淨州路之建置，恐在延祐四年。柯劭忞氏新元史曰，「延祐七年豐州修路碑，有德寧天山分司宣慰使，是舊無淨州路，置路在仁宗以後」云云，如是則當從英宗爲至治二年建置者。惜未得見豐州修路碑之全文。然若「德寧天山」爲「德寧路天山」之路，則此德寧路乃烏剌忒部之 Kara-müren 流域。在淨州路設置以前，並管轄四子部落之地者。

淨州之位置，觀元史本紀有「撫州、沙井、靖州」及「大同、靜州、隆興」及「集寧、砂井、淨州」等連記之文，則知在今大同朔平邊外之地。據元史卷一三四月合乃傳及卷一四三馬祖常傳等，知淨州之天山在雍古（汪古惕）部。而雍古部乃「金源氏塹山爲界，以限南北」（元史卷一一八阿剌兀思剔吉忽里傳）守所謂金之長城（邊堡）者。則知淨州在此方面，爲金之北境。金史地理志淨州條云「北至界八十里」，元史太祖紀五年條云：

初帝貢歲幣于金，金主使衛王允濟受貢於靜州。帝見允濟不爲禮。允濟歸，欲請兵攻之。會金主璟殂，允濟嗣位，有詔至國傳言當拜受。帝問金使曰新君爲誰，金使曰衛王也。帝遽南面唾……即乘馬北去。金使還言，允濟益怒，欲俟帝再入貢，就進場害之。帝知之，遂與金絕，益嚴兵爲備。

靜州即淨州，既爲金之受貢使與蒙古入貢使相見之地，則知爲境上之要鎮。大淸一統志卷四

○七之九四子部落古蹟條曰：「按淨州在昌州之西，豐州之北，其地當在於西北與喀爾喀接界處」云云，殆略得正鵠。蒙兀兒史記卷三成吉思可汗本紀五年條註云：「故城在今歸化廳北，內蒙古四子部落西北祁連山下」云云。又引張鵬翮漠北日記以證之。但文有脫誤，茲錄其原文，以供參考。

二十一日出歸化城，行九里入祁連山。十五里踰峻嶺，方言都倫大壩。五里下坡石溝崎嶇，溪壑幽深六十里。駐昆都勒必納峽，行橐駝自此始。二十三日折而東向，踰平嶺四十里有水草之地。……又二十里駐席喃莫洛，有淸河一道，足人馬汲飲，兩山亦堪芻牧。……二十五日向北行平地三十里駐烏蘇禿。有河水繞流，艸色青蔥。二十六日行五里，有廢城基址可七里許，平原回合，氣勢攸聚，昔人城此，亦知地利者也。（蒙古游牧記卷五，四子部落。）

屠氏以祁連山爲昔之天山，以烏蘇禿北五里之廢城擬淨州。此廢城在日記後文所謂西臘木倫（Sira-muren）河之上流。祁連山卽翁袞（Ongon）山，一名大青山北之平野。屠氏之說，蓋可從也。

## 5 泰寧路

地理志只云「泰寧路下 領縣一，泰寧下。」仁宗紀云：

延祐二年八月庚子，改遼陽省泰州爲泰寧府。（卷二五）

延祐四年二月癸亥，陞泰寧府爲泰寧路，仍置泰寧縣。（卷二六）

建置之次第，於此可見。元史關於泰州之記載，他無所見。其果與前代泰州爲同一地點否？殊難斷言。若果前後同地，則在今伯都訥西方 Paibur-Chagan-nôr 之西南近處。

（註一） 參看本書金代兵制之研究。及據元史卷一二〇吾也而傳，知太宗十三年開元（卽今農安縣）方面有泰州。

## 6 集寧路

地理志只云「集寧路下 領縣一，集寧下。」仁宗紀云；

延祐三年十一月，增集寧、砂井、淨州路同知府判提控案牘各一員。（卷二五）

可知本路之建置，卽在此年或其前也。（註二） 至其位置，據金史地理志，謂爲撫州屬縣之一；且云「北至界二百七十里」，則知在興和城方面。大淸一統志卷四〇九正黃等四旗牧廠古蹟集寧廢縣條云：「舊志集寧城在興和西一百五十里。」山川條云：「集寧海子在牧廠東六十里，土人名昂古里淖爾。……元置集寧路於此，舊有集寧城在其西」姑從之。

（註一）仁宗紀之文，頗爲曖昧。淨州下之路字，可解爲集寧砂井淨州三路之意。淨州於至治二年七月始陞爲路。砂井則前後皆未有路名，單稱爲總管府。故本文路字，可認爲衍文。又據元代官制路有同知，府州有同知，判官提控案牘。此所謂府判者，乃府之判官之略稱，可解作砂井總管府判官之意。惟「集寧」二字，爲路乎？府乎？州乎？無由知之，恐路名也。砂井亦稱總管府，故準於路。編元史者，蓋誤將路字加於淨州之下者。

## 7 應昌路

地理志只云「應昌路下 領縣一，應昌下。」元史卷一一八特薛禪傳云：

至至元七年，斡羅陳萬戶及其妃囊加眞公主請於朝曰，本藩所受農土，在上都東北三百里答里海子，實本藩駐夏之地，可建城邑以居。帝從之，遂名其城爲應昌府。二十二年改爲應昌路。

世祖紀云：

至元七年八月己巳賑應昌府饑，……辛巳設應昌府官吏。（卷七）

可知應昌府爲至元七年八月以前建置者。然順帝紀云：

至正十四年四月復立應昌、全寧二路。先是有詔罷之，以撥屬魯王馬某沙王傅府。至是有司以爲不便，復之。（卷四三）

由此文意觀之，二路曾於順帝時罷之，但二路中絶之期間，恐亦不過數年耳。

應昌城之位置，觀前記特薛禪傳之文自明。卽在上都開平東北三百里答兒海子之傍。答兒海子，元史又作「達里泊」，一作「魚兒濼」，已述於前。卽今之 Taal-nôr 一名 Dlai-nôr 者。元史卷一四九移剌元臣傳云「至元十四年，只兒瓦台叛，圍應昌府，時皇女魯國公主在圍中，元臣以所部軍馳擊，只兒瓦台敗走，追至魚兒濼擒之，公主賜賚甚厚，奏請暫留元臣鎮應昌以安反側」云，可知其城不在 Taal 湖畔，而有若干距離矣。據桑原博士之東蒙古旅行報告書，由大王廟西六十里至耕力更西北約十二里，渡毫賴河，達應昌故城南面。（歷史地理十八卷第五號）又據 Pozdneire 氏之蒙古及蒙古人第二卷譯本東部蒙古，謂應昌遺址在 Dalai-nôr 西南，稍偏於西岸之方，距湖岸約二俄里云。（四五四頁）鳥居氏蒙古旅行五五二頁云：土名龍王城。據以上諸家記載，現今名爲應昌之地，似卽認爲元代應昌城之遺址者。果然，諸家記事能與當時記載符合，可知其不誤矣。

應昌遺址，在克什克騰西境屬阿巴噶部。

8　全寧路

地理志只云「全寧路下　領縣一，全寧下」。特薛禪傳云：

元貞元年濟寧王蠻子台亦尙囊加眞公主，復與公主請於帝，以應昌縣東七百里駐冬之地，剏建城邑，復從之。大德元年名其城爲全寧路。

成宗紀云：

大德元年二月戊戌，陞全州爲全寧府。（卷一九）

大德七年十一月辛未，陞全寧府爲路。（卷二一）

此乃承金之北京路全州之名者。元初亦名全州，大德元年二月升爲府，七年十一月升爲路。據金史地理志謂全州治所安豐縣有黃河黑河云。黃河與潢河同，卽今之 Sira-müren。黑河，卽 Xara-müren。觀此則知全州當在兩河合流點附近。

（註一）參看松井氏之滿洲遼之疆域（滿洲歷史地理第二卷九七頁）及熱河志卷六二建置沿革，卷九七古蹟烏丹城，元中順大夫準台墓碑。

### 9 寧昌路

地理志只云「寧昌路下領縣一，寧昌下。」本紀云：

延祐五年二月甲寅，置寧昌府。（卷二六仁宗紀）

至治二年十二月，陞寧昌府爲下路，增置一縣。（卷二八英宗紀）

觀此可知本路建置之經過。其位置未詳。

### 10 砂井總管府

地理志只云「砂井總管府領縣一，砂井。」世祖紀云：「中統元年六月戊戌，詔燕京、西京、北京、三路宣撫司運米十萬石，輸開平府及撫州沙井靖州魚兒濼以備軍儲……二年八月，勅西京運糧于沙井，北京運糧于魚兒泊。（卷四）兵志云：「至元十一年五月，詔延安府沙井靜州等處種田白達達戶，選其可充軍者，僉起出征」（卷九八）仁宗紀云「延祐三年十一月乙巳，增集寧，砂井，淨州路同知府判提控案牘各一員。」（卷二五）砂井似先爲州，至延祐三年頃始準路而置總管府者。其位置，據張庭珍傳云：『世祖卽位，自將北伐，以庭珍熟知西京，入漠南路，遣立沙井諸驛，兼給糧運。」（卷一六七）則知西京卽在大同邊外，惜言之不詳耳。黑韃事略云：「沙井天山縣八十里，」但未言天山縣之方位八字或爲北字或西字之譌。柯劭忞氏新元史云：「豐州西北有砂井故城，趙王分地。」若果有所據，則與黑韃事略之記事合考之，當在天山縣之西十里。天山縣在四子部落 Sira-müren 之上流流域，淨州路條已述之矣。

## 11　大同路

本路爲金之西京路，元初亦稱西京路，至元二十五年改爲大同路。金之西京路，領大同、德興二府，豐、弘、淨、桓、撫、昌、宣德、朔、武、應、蔚、雲內、寧邊、東勝十四州。元代升淨桓撫三州爲路，故大同路之疆域，小於西京路多矣。

大同路屬地之在東蒙古者，似只宣寧、平地二縣，與豐州耳。宣寧縣，據金史地理志云：「遼德州昭聖軍宣德縣，永定八年更名，有官山、彌陀山、石綠山產碾玉砂。」官山之名，又見於元史睿宗傳文宗紀，及親征錄等。親征錄之官山，元史太宗紀作九十九泉，可知官山一名九十九泉。親征錄所引元一統志有「官山在廢豐州東北一百五十里。上有九十九泉，流爲黑河」等語。水道提綱卷五黃河條云：「黑河……源殺虎口外鑲藍察哈爾東北七十里海拉蘇台坡名喀喇烏蘇。……西入黃河。」故海拉蘇台坡當卽昔之官山。(註一)宣寧縣當在其附近。(註二)平地縣，僅云「本號平地臯至元二年省入豐州，二年置縣曰平地」，他無可徵。今圖希爾池之北，當張家口歸化城大道上，有驛名平地川，蓋其故址也。大清一統志卷四一〇之四正藍旗察哈爾山川條云：「金史地理志大同府宣寧有石碌山。明統志石碌山在大同府西北故平地縣東四十里，山石如石碌。」若果無誤，則元之平地縣，乃割金之宣寧縣東部而置者。豐州未詳。大清一統志卷四〇八之三歸化城土默特條，比定於今之歸化城。姑從之。

(註一) 屠寄氏蒙兀兒史記，有「今寧遠廳北地名有公泉山，中有泊，曰代哈，卽官山九十九泉」等語。但代哈泊附近，與所謂黑河發源地不合，又非廢豐州(今歸化城)東之北，當在其東南。又親征錄太宗三年條有清朝諸家官山位置之註，可以參看。

(註二) 大清一統志卷四一〇之四正旗察哈爾古蹟條云：「宣寧廢縣在旗界。……明一統志，在大同府北八十里」。但明一統志之記載不可信。

## 12 大寧路

大寧路之疆域，滿洲歷史地理中有詳說，茲惟摘記其要點，且少加補訂焉。大寧路概與金之北京路，疆域相同。初承金制稱北京路，領大定、龍山、富庶、松山、和衆、金源、惠和、武平、八縣，義、瑞、興、高、錦、利、惠、川、建、和十州及興中府。世祖中統三年二月，割興州及松山縣屬開平府。（後之上都路）當此前後，曾立北京行中書省，觀世祖紀至元元年條所謂「八月領陝西四川西夏中興北京三處行中書條格」。自明至其存廢之歷史，則至元年十二月，罷行中書省，而以宣慰司代之。八年三月，改爲行尙書省。九年正月復改行中書省。十五年四月改爲宣慰司。其後未曾復置北京行中書省。北京路則隸屬於東京行中書省。至元二十五年二月，北京路改爲武平路，更經數年，又改稱大寧路。本路領七縣九州，其位置疆城，皆同前代。本路之疆城，東臨大凌河及遼東灣，南達今之長城，西南以灤河爲界，西北至赤峯縣南境，東北有阜新縣西分水嶺限之。（參看滿洲歷史地理第二卷箭內氏滿洲元之疆域）

本路之入元，乃太祖元勳木華黎征戰之力也。九年三月，金人請和，太祖許之，解中都之圍而北還。九月命木華黎經略遼西。木華黎乃統諸軍南下，十月（註一）降高州，又下惠和、金源、和衆、龍山、利建、富庶等十五城。（註二）十年二月，遂陷北京，興中府錦州等諸城亦相繼降。四月有名張致者，據錦州叛，諸城多應之者。木華黎再征之，月餘，恢復諸城，又征降廣寧府。金之北京路，全歸蒙古所有，爾後未曾復叛。

（註一）元史卷一太祖紀。

（註二）元史卷一四七史天倪傳。

（註三）元史卷一一九木華黎傳。

## 第六章　結言

以上第一節，略述秦漢以來東蒙古民族起仆之形勢。第二節，考太祖成吉思汗經略興安嶺以西之次第。第三節及第四節，說太祖諸弟及親族之分封於東蒙古。第五節，推定世祖以後建置於此地諸路之沿革與疆域。太祖諸弟中拙赤合撒兒合赤溫別勒古台三人之封地，及翁吉喇惕一門中按陳册二人封地，皆在興安嶺以西。此爲屈服於太祖兵威之地，故於太祖即位九年前後分封之，本無足怪。惟興安嶺以東之地，當時果在蒙古勢力圈之內否？第四節雖略論之，但猶未盡，茲更加數言，以作此論之結言。

太祖六年，北邊千戶契丹人耶律留哥據隆安（今吉林省農安）而叛金，自稱都元帥，衆十餘萬，營帳百里，威震遼東。按陳那顏 Alchi-noyan 等受太祖命至其地；七年正月，納留哥之降；翌年援之而破金之大軍，以部將可特哥爲留哥之副，留鎭其地。（註一）是實太祖經略遼東之最初事實也。後留哥益南下，破金之遼東宣撫使蒲鮮萬奴而遷居咸平，（今開原）更進而占領東京。（今遼陽）後以契丹諸將懷異志逃赴蒙古，得太祖後援，復東向十一年占領遼西之廣寧，與契丹人及金軍對峙，經略次第進步。（註二）先是木華黎以九年在中都（今北京）許金帝之和，一旦北歸，繼受太祖命，統諸軍，先逼高州城。元史卷一一九木華黎傳曰：

甲戌（九年）從圍燕，金主請和，北還，命統諸軍征遼東，次高州，盧琮金朴以城降。

此所謂「征遼東」者，當從元朝名臣事略（註三）改爲「征遼西」。高州在今赤峯之東，近於老哈河，實居金北京路之西境。（註四）想木華黎之軍乃自南北下者，其對於慶州，臨潢府，全州等北方諸城，未曾言及，而直言高州者，卽表示以北諸城已沒於蒙古也。果然，則太祖以此年分封翁吉喇惕一門，決非準備經略此地方之目的，實以全然歸服蒙古之地域，封其近親者。蓋欲使對於必然著手之遼西乃至遼東便於經略也。其以興安嶺之東，封斡赤斤者，情形當亦相同。蓋塔塔兒滅亡之結果，蒙古兵威已風靡嶺東，共時叛金而通款於蒙古者，當不僅耶律留哥也。蒲鮮萬奴不得志於遼東本地，退居極東之海邊以後，金之上京附近，已將立沒於蒙古矣，但惟知太宗五年萬奴亡；七年置萬戶府於黃龍府，（一名隆安，今之農安）十三年吾也而任北京等七路都元帥時，除一見七路之一泰州之名（註五）外，金史元史記此方面之形勢者極稀，故難得其眞相，是爲遺憾。（註六）

（註一） 本書成吉思汗經略滿洲之二三研究。

（註二） 同上

（註三）元朝名臣事略卷一，太師魯國忠武王條云：「甲戌，詔王統諸軍，專征遼西。諸郡，王次高州，盧琮金朴率州民降。」

（註四）熱河志卷六二，建置沿革，高州條，引元一統志謂，太祖九年，升高州爲興勝府！十一年復舊名。果然，則太祖經略遼西，蓋自占領高州始，故改名陞格，以爲戰勝之紀念也。

（註五）元史卷一二〇吾也而傳。吾也而屢從征伐高麗之軍有功，太宗十三年，任爲北京、東京、廣寧、黃州、平州、泰州、開元府、七路征行兵馬都元帥，賜虎符云。七路之路字，與後之行政區劃之路有異，只用爲地方之意耳。

（註六）祕史卷一謂，太祖九年，攻金中都，請和許之。其下云：彼等降後，成吉思合罕言欲退，卽依察卜赤牙勒（居庸關）而退時，使合撒兒以左手之軍遵海而行。下勅曰：「下馬於北京城。迨征降北京城，過彼方主兒扯惕（女眞）之夫合訥（蒲鮮萬奴）而去。夫合訥若欲反，則打而取降之。過彼邊之城，沿兀剌河，訥兀河，（松花江嫩江）而行。泝塔兀兒河，（洮兒河）越山而會於大老營（怯綠連河大斡耳朵）」云云。遣合撒兒時，並由官人遣主兒扯歹（兀兒兀惕之部長）阿勒赤（翁吉喇惕之部長）脫侖扯兒必（殆薄剎之誤）三人。合撒兒取北京城，主兒扯惕征降夫合訥，取沿其路之城。合撒兒泝塔兀兒河而來，下馬於大老營。」（成吉思汗實錄四五五——八頁）那珂博士曾就此文，加以精細之考證，指出與元史紀傳相牴觸者數點，皆但存疑而已。闕疑雖爲愼重之態度，然對於有批評餘地者，亦當批評之，是乃研究家對於貴重記錄之義務也。今試陳述鄙見於下：此東征軍，爲太祖八年九年侵掠三道之左軍。親征錄及元史皆有簡短之記載。但錄云：「破灤薊等城而還。」史云，「取薊州平灤遼西諸郡而還。」而未如祕史所言，遠過東蒙古之北部而還漠北之大老營也。雖如博士之說，祕史將北京之陷落，與萬奴之歸降，誤爲合撒兒是年東征之結果。但除此以外，祕史之記載，無可否認之理由。蒙古諸將，從此次東征軍者，有阿勒赤之名。阿勒赤，卽翁吉喇惕之按陳，一名按陳那顏，爲蒙古經略遼東之最初之人。耶律留哥傳中之按陳那衍，若與此爲同一人，則祕史之文至此已可得解釋之鍵矣。但此爲九年甲戌年事，彼爲七年壬申事。博士只云「難強爲牽合；」此雖博士愼重之態度，但吾人以祕史所記載者，乃由六年辛未涉及七年壬申之按陳那顏東征之事。謂夫合訥（蒲鮮萬奴之轉訛）當解爲耶律留哥者，實爲誤解。試查關於此事之二三史料，祕史所載命合撒兒東略之勅，所謂「成吉思合罕言將退而依察卜赤牙勒（居庸關）而退時」者，非八年秋出關之時，實六年秋出關之時也。其時受命者非合撒兒，而爲按陳那顏。按陳那顏率一軍，於是年冬至隆安附近，諭耶律留哥歸降。留哥未曾一戰，卽降於蒙古。七年正月立金山之盟。元史卷一四九耶律留哥傳曰：「太祖命按陳那衍，渾都古，行軍至遼，遇之，問所從來。留哥對曰，我契丹軍也，往附大國，道阻馬疲，故逗遛於此。按陳曰，我奉旨討女眞，適與爾會，庸非天乎？然爾欲效順，何以爲信？留哥乃率所部會按陳于金山，刑白馬白牛，登高北望，折矢以盟。按陳曰，吾還奏，當以征遼之責屬爾。……帝命按陳，孛都歡，阿魯都罕引千騎會留哥，與金兵對陳于迪吉腦兒，留哥以姪安奴爲先鋒，橫衝胡沙軍，大敗之，以所俘輜重獻。帝召按陳還，而以可特哥（殆前文之渾都古）副留哥屯其地」云云。可見留哥恭順之狀矣。至於按陳那顏之至今吉林省農安縣附近（卽當時之隆安）曾取何路，固屬難詳。若果如蒙兀兒史記成吉思合罕本紀之言，此年征金之役，中左右三軍，分道侵略各地，則按陳那顏必率左軍遵東海而北上者：又金史卷一三衞紹王紀大安三年太祖六年十一月條云：「是時德興府、弘州昌平、懷來、縉山、豐潤、密雲、撫寧、集寧，東過平、灤，南至清、滄，由臨潢過遼河，西南至忻、代，皆歸大元」可知平灤遼河之地，已沒於蒙古。是亦可認爲按陳那顏東略之結果。果然，則祕史之記事，爲記按陳那顏東略之事者。彼於六年冬，受太祖命向遼東，七年正月，招降據隆安之耶律留哥；八年二月，留部將可特哥鎭之，「自沿兀剌河訥兀河而去，泝塔兀兒河，越山」而歸 Kerülen 河邊之大斡耳朵。

以上論證，若幸得正鵠，則蒙古之經略東方之早，已可想見。因而帖木格斡惕赤斤之封域，遠及於此方面，亦可推測矣。

# 二　成吉思汗經略滿洲之研究

# 第一章 緒言

蒙古之經略滿洲也，乃成吉思汗時，乘金在遼東勢力之失墜而著手者。金在遼東勢力之失墜，其由來雖遠，其近因亦有二：卽（一）遼東之契丹人耶律留哥叛亂；（二）金遼東宣撫使蒲鮮萬奴自立也。余於大正二年，在滿洲歷史地理第二卷第四篇，曾以東眞國之疆域爲題，研究蒲鮮萬奴之事蹟，其中先述留哥之叛亂，而後及於萬奴之事。其目的專在地理上之考證，故意多未盡。今春（大正三年）見中國學者屠寄之新著蒙兀兒史記，其中有耶律留哥蒲鮮萬奴列傳一篇，其說與余說，不甚一致。余乃假雜誌之餘白，辯之以補前說之未盡，且正其誤謬，並附記一二新研究，一則紹介屠氏之新著，一則乞方家之批評焉。

# 第二章 耶律留哥傳紀年之誤謬

元史耶律留哥傳，乃研究蒙古經營滿洲者必先精讀之絕好史料也。研究留哥傳者，前有魏源之元史新編，後有屠氏之蒙兀兒史記。元史新編之說，已在滿洲歷史地理第二卷（二四九——二五〇頁）詳辯之，今不復贅。蒙兀兒史記係最近著述，其研究之精到，實非新編所及。但猶有不少遺憾；即如耶律留哥傳紀年之有誤謬，未曾指出，即其一例也。傳文與以下所述各項有參考之必要，故錄其最初之部分於左：

耶律留哥契丹人，仕金爲北邊千戶。太祖起兵朔方，金人疑遼遺民有他志，下令，遼民一戶，以二女眞戶夾居，防之。留哥不自安，歲壬申，遁至隆安韓州，糾壯士剽掠其地。州發卒追捕，留哥皆擊走之，因與耶的合勢。募兵數月，衆至十餘萬，推留哥爲都元帥，耶的副之，營帳百里，威震遼東。太祖命按陳那衍、渾都古，行軍至遼，遇之，問所從來；留哥對曰，我契丹軍也，往附大國，道阻馬疲，故逗遛於此。按陳曰我奉旨討女眞，適與爾會，庸非天乎？然爾欲効順，何以爲信？留哥乃率所部，會按陳於金山，刑白馬白牛，登高北望，折矢以盟。按陳曰，吾還奏，當以征遼之責，屬衞，金八遣胡沙，帥軍六十萬，號百萬，來攻留哥……留哥度不能敵，亟馳表聞。帝命按陳，孛都歡，阿魯都罕，引千騎，會留哥，與金兵對陳于迪吉腦兒。留哥以姪安奴爲先鋒，橫衝胡沙軍，大敗之，以所俘輜重獻。帝召按陳還，而以可特哥副留哥，屯其地。衆以遼東未定，癸酉三月，推留哥爲王，……國號遼。甲戌金遣使青狗，誘以重祿使降，不從。青狗度其勢不可，反臣之。金主怒，復遣宣撫萬奴，領軍四十餘萬攻之，留哥逆戰于歸仁縣北河上，金兵大潰，萬奴收散卒，奔東京，安東同知阿憐懼，遣使求附，於是盡有遼東州郡，遂都咸平，號爲中京。金左副元帥移剌都以兵十萬攻留哥，拒戰敗之，乙亥留哥破東京。

（a）留哥之離叛　留哥始背金而遁於隆安（今農安縣）韓州（今昌圖縣八面城附近）據傳文在壬申年（即太祖七年）實決不然。何則？元史太祖本紀云「七年壬申春正月，耶律留哥聚衆於隆安，自爲都元帥，遣使來附。」傳文所謂金山折矢之盟，乃壬申正月或其以前之事；則留哥自稱都元帥，應更在其前，而與耶的合兵，當又在數月以前；因當時已剽掠隆安韓州之地而走金兵故也。要之留哥之始樹叛旗，至遲亦在辛未（卽太祖六年）春夏之交，可無庸疑。而本傳係之於壬申之年，未免疏忽。

（b）迪吉腦兒之戰　迪吉腦兒如言迪吉淖爾，是明爲湖名，但未能得其比定之地，因而所在不明，殊爲遺憾。此戰據傳文似在壬申之歲，此亦編者因不注意而誤謬者也。傳文中之胡沙，爲女眞人，漢名承裕，據金史承裕傳，承裕爲元帥右監軍兼咸平府路兵馬都總管，與留哥戰敗走。又據完顏弼傳，弼爲左監軍，受扞禦遼東之命。此二人蓋因征討留哥而爲元帥，爲左右監軍者。但據金史之記事，兩者皆係於至寧元年卽癸酉年，較留哥傳遲一年。元史金史之紀年，究以何者爲正？余以爲以金史癸酉之年爲至當。（一）承裕傳云：「崇慶元年（壬申年）起爲陝西安撫使，至寧元年遷元帥右監軍兼咸平府路兵馬都總管，與契丹留可（留哥）戰，敗績。貞祐初（至寧元年九月改元爲貞祐）改臨海軍節度使，卒」。可知承裕與留哥交戰，非壬申之年而爲癸酉之年，且明示在改元貞祐以前也。（二）完顏弼傳之記事亦同。弼受衞紹王之元帥左監軍扞禦遼東之命，又觸王怒而遠謫，皆在至寧元年九月以前，可由其前後文推定之。（三）按留哥傳之文，迪吉腦兒之戰之後，直接

「衆以遼東未定，癸酉三月推留哥爲王」云云，亦暗示此戰，非必起于壬申年內，而似起自癸酉三月以前者。以上所述若果得正鵠，則金史衛紹王本紀所謂「至寧元年二月詔撫諭遼東」者，蓋矯飾承裕出征敗歸之事實者也。其下文云：「五月改元（改崇慶爲至寧）詔諭咸平路契丹部人之嘯聚者」，蓋因留哥自立，恐其勢益振而詔諭之也。要之，迪吉腦兒之戰，斷定爲癸酉年，而在留哥自立以前，當無不可。

（c）高麗僞遼國之滅亡　留哥所部之契丹人中，有不肯降蒙古者，於丙子之年（卽太祖十一年）在今之海城，推戴其酋長稱遼帝。爾後連被蒙古及金軍所破，遂入高麗，蹂躪其北半部；己卯春正月，其根據地江東城陷，僞遼帝喊舍自殺而國亡。據高麗史之記事，無庸稍疑。（參照滿洲歷史地理第二卷二四二頁）則留哥傳係於戊寅之年，亦明明誤謬也。

## 第三章　留哥最初之都爲隆安

屠氏蒙兀兒史記之留哥傳，概沿襲元史同傳之文。記留哥之奠都曰：「癸酉三月遂推留哥爲王，國號遼，建元元統，都廣寧（親征錄云時遼王亦來降，上命爲元帥居廣寧）。」余認爲不合。(一)此種斷定爲得自親征錄者，屠氏已明言之。但親征錄實云：「先是，耶律留哥以中國多故據有東京咸平等郡，自稱遼王。斫答比失兒等遣使詣上行營納款，又求好於遼王。時遼王亦來降，上命爲元帥，令居廣寧府。」留哥之取咸平，在甲戌破萬奴之後；占領東京，在乙亥再破萬奴之時。據元史太祖本紀斫答等之降蒙古，在甲戌六月，留哥之降蒙古，在乙亥十一月。卽由親征錄所載事件之次序言之，留哥之居廣寧，亦爲乙亥十一月以後之事。同書合敘於甲戌之條，紀年已誤，不可信從；況以之係於癸酉之年，更屬無何根據。（二）留哥於甲戌年，迎萬奴大軍于歸仁縣之北而敗之，萬奴南走；安東縣（咸平府屬縣）同知阿憐歸降，留哥始得都咸平；是甲戌歸仁縣北戰爭以前，咸平猶未爲留哥所有也，何遽南行而得都廣寧耶？

屠氏旣述癸酉三月留哥被推爲遼王，都廣寧，繼云「時金知廣寧府溫迪罕青狗退守蓋州，妻子陷廣寧，（據金史完顏阿里不孫傳）金遣青狗往諭留哥降，啗以重祿，不從，青狗竟留事之，金主怒，復遣咸平宣撫蒲鮮萬奴來討。」蓋屠氏以爲青狗乃金之廣寧府知府，被留哥所襲，逃至蓋州，其妻子陷于留哥之手；後青狗奉金主之命往廣寧招致留哥，留哥不從，不忍棄其妻子，遂留而事留哥云。此雖屬巧妙之推測，惜太失于想像，益與事實不符。蓋屠氏祇知青狗曾降于契丹人，而忘其後又叛而歸金也。留哥傳曰：「丙子，乞奴，金山，青狗，統古與等推耶廝不僭帝號於澄州，國號遼，改元天威，以留哥兄獨剌爲平章，置百官，方閱月，其元帥青狗，叛歸于金。」即青狗以丙子年，再歸於金也。阿里不孫傳，有「初留哥據廣寧，知廣寧府事溫迪罕青狗居蓋州，妻子留廣寧。」由此考之，青狗以丙子年，叛契丹之耶廝不，復歸于金，金任爲廣寧府知府，留哥得成吉思汗之後援，率蒙古兵數千來襲廣寧而占之，青狗棄妻子走蓋州，是青狗之敗走，留哥之占領廣寧，在此年夏秋之交。成吉思汗勸留哥東征之語有「草青馬肥，資爾甲兵，往取家孥，」亦可資推測也。

要之屠氏「癸酉三月留哥奠都廣寧」之說，斷難信從，余據太祖本紀，與留哥傳，斷定留哥壬申正月以前定居隆安，直至甲戌年敗萬奴而都咸平以前，其根據地未嘗移動，其居廣寧，實始於丙子之年，夏秋之交。又高麗史高宗世家，丙子三年秋七月條，錄有金東京總管府給高麗北界兵馬使之聖旨：其語雖屬誇張，但其中有萬奴被破於隆安行省移剌事。移剌，明爲耶律之訛，卽指耶律留哥也。以此與太祖本紀合觀之，則留哥嘗居隆安之事實益足證明。

## 第四章　萬奴自立在貞祐三年之春

余在滿洲歷史地理第二卷第三編東眞國之疆域條中，謂萬奴之始叛金而自立，在貞祐三年冬十月。且以金史宣宗本紀及元史太祖本紀爲根據，對於與相牴觸之金史紇石烈桓端傳之記事，認爲紀年之誤謬。其後又加研究，乃發見昔之論斷，頗欠穩當。著蒙兀兒史記者屠氏，謂桓端傳之記事，可以信據，而謂金史本紀將萬奴自立係於此年十月者爲誤謬，（蒙兀兒史記卷三十五丁）此實正論。今揭其文如左：

按萬奴取咸平，桓端傳但稱貞祐三年，不著月日。然萬奴之師，三月已侵婆速；則咸平之取，必在正月。且既取咸平東京瀋澄諸州，顯然叛金，不稱僞號，無以煽誘，則僭王改元，必在是時。又按宣紀，貞祐三年冬十月，戊戌遼東宣撫司報敗留哥之捷，所謂敗留哥，卽指咸平事。不稱遼東宣撫蒲鮮萬奴奏敗留哥之捷，而云遼東宣撫司報敗留哥之捷者，非萬奴自報，乃宣撫司他官報也。而本月壬子下間接書遼東賊蒲鮮萬奴僭號改元天泰矣。戊戌壬子，中間相距僅十五日，史臣據奏報到汴之日先後書之，其實取咸平與僭號改元事，皆在正月，非十月也。舊史太祖紀十月乙亥冬十月書金宣撫蒲鮮萬奴據遼東，僭稱天王，國號大眞，改元天泰，其月分亦沿金史之誤。（參照滿洲歷史地理第二卷二三一至二三二頁）

以萬奴之自立，係於十月之非，誠如屠氏之說。然關于其他問題，屠氏之見解，尙有難從者。桓端傳曰：「貞祐三年蒲鮮萬奴取咸平東京瀋澄諸州，及猛安謀克人亦多從之者，三月萬奴步騎九千侵婆速進境云云。」屠氏據此文以爲此年正月萬奴敗留哥取咸平者，因解釋金史宣宗紀所謂「十月戊戌遼東宣撫司報敗留哥之捷」以爲此事之奏報至十月始達汴京之金廷云云，余欲否認此解釋。何則？（一）萬奴明明自前年之夏已居東京，不可謂此年之初始占領東京。（二）澄州，卽今之海城，在東京（卽遼陽）之南；若萬奴至此時始取之，則取于金者，非取自留哥者。蓋留哥尙未得染指于此地也。（三）瀋州，今之遼寧也，雖可想像爲前年末或此年之初，爲留哥所奪而恢復者，但亦惟想像之言耳，無何等可資斷定之證據。（四）咸平，今之開原也，謂此月之初，咸平歸萬奴所有，更屬可疑。萬奴被任爲宣撫使之事，若果如親征錄所言，在宣宗南遷（貞祐二年五月）以後，則歸仁縣之戰，萬奴之敗走，當在同年夏秋之間。留哥之占領咸平，及奠都，至早亦當在其秋；移剌都之大敗，當在秋冬之交。蓋貞祐二年末，留哥之軍容益振也。此時萬奴果得回復咸平，則留哥必非常大失敗，萬奴必非常大成功矣。又咸平既沒于萬奴，則留哥不可不退而再據韓州，如此則留哥必陷一大逆運；而元史留哥傳竟未嘗言及，反謂翌年更進而占領東京，逐萬奴，是留哥實乘勢南下也。要之，屠氏謂貞祐三年正月或二月，萬奴破留哥而占領咸平之見解，全欠穩當也。然則桓端傳最初之一句，又如何解釋乎？由一方面觀之，編者因欲概說是年二月以前萬奴之勢力，乃於開始置此一句者。關于其與留哥對抗之智識，太缺乏，遂以爲咸平亦爲萬奴所有；此種見解，殊未穩當。余欲解釋如下，曰此一句乃記載「貞祐三年三月萬奴著手侵略婆速地方以前，據東京而自立，招致附近州縣，於是北自瀋州南至澄州皆降於萬奴，此地方之猛安謀克亦多從之」之事實者。至謂咸平同時歸萬奴所有，則編者之誤解也。而諸州縣之降附，決不可解作留哥戰敗。屠氏以萬奴占領咸平爲事實，而係於三年正月，實臆斷也。屠氏信用桓端傳之記事，證明萬奴自立之非十月，余實敬服其卓見；但斷定其在正月，不能無過猶不及之憾。寧推定爲同年之春萬奴出征婆速地方以前爲善也。

屠氏又以遼東宣撫司之報告，解爲此年正月占領咸平之事實。但屠氏推測爲由留哥之手奪回咸平諸城事，既無何根據，則此說亦自然消滅矣。然則見于金史之記事，應如何解釋乎？余疑爲萬奴等以宣撫司之名所發之虛僞報告也。蓋萬奴一面欲使金廷除去對遼東之懸念，一面得從容經略遼陽以南以東，以堅其立脚地也。

## 第五章 萬奴國號爲東眞之一旁證

萬奴國號，元史紀傳皆記爲「東夏」，夏字殆爲眞字之誤，當作「東眞」。余在滿洲歷史地理中，已詳論之矣。後查洪鈞元史譯文證補，更得一旁證，茲述之於下：同書卷一下曰：「金主之南遷也，以禿珠大石爲宣撫，（錄云，以招討也奴爲咸平等路宣撫，復移於忽必阿蘭，此無地名，而人名又大異，殆誤，然所記之事則一事也。）或于金主前言其有異志，禿珠大石疑懼，遂來降，更遣子鐵克爲質，給事於御營，既而復叛自立爲東夏王。（原作東京，據錄改正）」此禿珠大石，卽親征錄之也奴，若對照兩書之記事，均能首肯。也奴一作爲奴，證補作斡奴，皆爲萬奴之同音異譯，余嘗有所論證。又元史太祖本紀，謂萬奴之子曰帖哥，金史溫迪罕老兒傳及親征錄作鐵哥，證補作鐵克，以此考之，知證補所謂禿珠大石爲萬奴之異名。至是當移于萬奴所稱國號之問題矣。著證補者洪鈞之注，謂「原作東京，據錄改正」者，卽謂原書作東京王，今據親征錄改爲東夏王也。是洪氏對於親征錄及元史謂萬奴之國號爲東夏之說，未曾懷疑，故漫然改之耳。東夏若果爲東眞之誤，則洪氏重譯之原書（卽貝勒津所譯之拉施特集史）中，當以相當于東京之音字，爲萬奴所建之國號。余未得見貝勒津之譯本，不知洪氏所謂東京二字，果爲正譯原音者否？余察原音當爲 Tung-Ching 或 Tung-Chin。果爾，則洪氏以東京二字充之，亦未必準確。余既據曩日所論，信萬奴之國號爲東眞，則貝勒津譯本拉施特原本不可不用相當於東眞（Tung-Chên）二音之字。換言之，拉施特原文中，貝勒津譯文中，皆有東眞，洪氏因不知東眞之事實，故誤解爲東京之音譯，更因親征錄元史等有東夏，遂漫然改爲東夏耳。

高麗朝鮮二朝之著名文集，有名東文選者，其卷六十一，有俞升旦撰「回東夏國書」二通，其一云「高麗國王某謹迴書於東夏國王殿下，承來云云，成吉思皇帝聖旨道與東夏國准備親見來者，高麗國依前一翻約和時分，亦一同將來爲比準備前去云云。」書中兩見東夏國號，且題中亦有東夏二字。但其第二通題爲「同前書」云：「……兩國自疆界，貴國所領東眞防卒留于東眞境內，不令寸步入我疆界云云。」書中稱東眞而不稱東夏。集中又別收有李奎報所作之「答東眞別紙」一章。僅據東文選考之，東眞亦可認爲東女眞之略稱，爲高麗人慣用之地名；則萬奴所定之國號，仍有當爲東夏之疑。其實不然。東夏二字，僅見於最初一通，可認爲傳寫或刻版之誤。而高麗史中皆作東眞國，而絕不言東夏國，則其反證也。或謂東夏爲對於華夏或中夏而爲東方文明國之義，似可承認爲東夏。然萬奴國之文化，實無何足誇，因而此種想像，不易成立。或謂可解作對於西夏而稱東夏之意；但西夏，原由夏州之名爲國名者，非中夏之夏；且其種族爲唐古特，居甘肅方面，與東陲之女眞人，素無何等關係，決無對之而立國號之理。

要之（一）高麗史中皆記爲東眞或東眞國，絕未稱爲東夏。（二）萬奴自立於東京時國號大眞。（三）眞字易誤爲夏字。（四）拉施特集史原文中可推測爲有東眞。（五）以東夏爲萬奴國號不妥。據以上五種理由，可認元史及東文選中之東夏，必爲東眞之誤。屠氏云：「高麗史作東眞，涉前大眞而幷呼之也。」又云「然耶律留哥舊傳稱東夏」，承認東夏之說也，余敢謂其研究有未足。

五　萬奴所逃之所謂海島，爲圖們江流域之明證。

余曩欲究明萬奴之東遷，以元史木華黎傳之所謂海島，比定爲今之圖們江流域，立論凡數百言。其後檢索金史，在其卷百二十二粱持勝傳中，發見左列之記事曰：

興定初，宣撫使蒲鮮萬奴有異志，欲棄咸平，徙曷懶路，持勝力止之，萬奴怒，杖之八十，持勝走上京。

按金之曷懶路，包含今圖們江流域及朝鮮咸鏡道之大半，金代行政區劃之名也。故所謂海島者，決非黃海中某島之義，應爲僻陬之義。於是余自喜昔認爲圖們江流域方面之見解爲得正鵠；又自恥前日之研究尚有遺漏也。但本文有「興定初」三字，是萬奴之去咸平，當在興定元年，卽元太祖十二年，似與木華黎傳十一年末遁於海島之記事相牴觸；其實不然。梁持勝傳持勝走上京謀代萬奴反爲所害一事，在興定元年，則萬奴欲棄咸平走曷懶路，持勝諫而被杖之事，可以在其前年。余以爲萬奴去咸平向曷懶路，（木華黎傳之所謂海島）出發在太祖十一年末，及到曷懶路而據之，則不必在同年之內，寧在其翌年或其後年也。今再研究萬奴二次自立以後之行動；當十二年春，遣兵攻金之上京，上京行省太平迎之，內外相應，遂陷上京，虜元帥承充。萬奴之子鐵哥執同知上京留守事溫迪罕老兒殺之。未幾，萬奴兵大敗，上京復爲金有。是年四月，有名蒲察五斤者任上京行省；其在職也至少亦在一年以上，據金史紀傳之文可知之。又據高麗史高宗世家謂是年四月萬奴兵來，破大夫營。大夫營在鴨綠江下流沿岸，與九連城義州等接近。金史完顏阿里不孫傳云「是時蒲鮮萬奴據遼東，侵掠婆速之境，高麗畏其強，助糧八萬石。」亦表示萬奴侵攻鴨綠江邊者，蓋與高麗史之記事，爲同一事實。婆速之爲城名者，指今之九連城；爲路名者，指同城附近一帶之地。但「萬奴據遼東」

之語，遼東之地名，若以廣義解之，未嘗不可；不然，則編者之疎漏也。然謂十二年之夏，萬奴之兵出沒于鴨綠江下流流域，似稍難解；或此地方無賴之女眞人假萬奴之名而刧掠者乎？但又不能強斷此事之必無。若爲事實，則當爲萬奴赴曷懶路途次，分遣一軍侵掠者。果爾，則其東遷之路，當自今之開原赴輝發河流域，更東而行至間島者。此路爲元明時代滿洲交通路中著名者之一，余嘗有所考證。（參看滿洲歷史地理第二卷第六編）又萬奴顯著之行動，爲與蒙古連合掃蕩在高麗之契丹人。而此連合軍以十三年秋冬之交出現于今之咸鏡道南部。于是余推定萬奴東遷告竣，（卽占領曷懶路）爲自十二年春至十三年秋冬間事。若更欲確定其期間，則未見可考之史料，是爲遺憾耳。

屠氏之蒲鮮萬奴傳曰：「冬十月來降，以其子帖哥入質。既而殺蒙兀所置遼東行省右丞耶律揑兒哥，復叛去。帥衆十萬棲遁海島。丁丑四月登陸，破金兵于大夫營，轉入女眞故地（原注，此語出高麗史，上京金會寧府，爲女眞故地，卽萬奴所謂開元也）自稱東夏國（原注高麗史作東眞，涉前大眞而幷呼之也，然耶律留哥舊傳稱東夏）改金上京會寧府曰開元，都之（注略）別置南京（注略）仍羈屬蒙兀云云。」屠氏直謂「海島」爲黃海之某島，又據高麗史之記事，推定爲「四月登陸，」立說雖巧，全屬誤解。試思黃海中果有能潛伏十萬大軍至四五月之久之島乎？據梁持勝傳，萬奴當時居咸平，即今之開原，欲走曷懶路，終達其目的。興定元年之春，攻上京，亦足證明其居遼東北部也。故萬奴決非先入黃海中某島，而於丁丑四月由鴨綠江口上陸，至大夫營而據開元者；實由咸平直向東而入金之曷懶路即元之開元路東南部也。元史王榮祖傳所謂開元者，指元之開元路，非金之上京。亦非元初之開元城。開元城今之依蘭縣（三姓城）也。屠氏關於開元路及開元城之說皆誤。（參照滿洲歷史地理第二卷第三編及第四篇）

# 三　蒙古經略高麗

# 第一章 太祖之救援

蒙古之經略遼東也，乘其地契丹人之叛，而始著手。蒙古與高麗之交涉，亦自契丹人闌入高麗而啓其端。

金之北邊千戶契丹人耶律留哥，於元太祖六年（金衞紹王大安三年）叛金。七年正月據隆安（今農安附近）而降蒙古。八年三月，由部下士卒推爲遼王。九年夏秋之交，擊破金遼東宣撫使蒲鮮萬奴之大軍，進古咸平（今開原），遂都焉。十年南下，陷東京（今遼陽），復擊走萬奴。其後未幾，部衆勸其自立，拒之。其勢危甚，於是留哥自率一部隊潛行而西。是年十一月，適太祖北歸，留哥謁於途次，具陳其情。太祖嘉其忠，翌年夏，授之以兵，使謀恢復故土。（註一）

留哥之西行也，部將耶廝不代統契丹人。十一年春，在澄州（今之海城），稱大遼收國王，改元天成。（註二）然內訌復起，耶廝不自立僅七十餘日，爲其部下所殺。部將乞奴代統其衆，自稱監國。是年秋，蒙古驍將木華黎已定遼西諸城，進至遼東半島。契丹人棄澄州東走，屯兵於開州（今鳳凰城）保州（今舊義州）之間破金兵於開州。（註三）未幾耶律留哥率蒙古軍破契丹人乞奴等東至鴨綠江西岸，知遼東之地不能爲己有；八月以後，（註四）陸續渡江，殺入高麗。自義州至平壤之間沿道諸州及附近諸城邑概被焚掠。是年末屠黃州城，西京（卽平壤）亦危。十二年（高宗四年）春南刼國都開城。五月陷東州（今之鐵原）原州（今同）二城，勢益猖獗。然與高麗勇將金就礪戰於原州之南而大敗，遂越大關嶺，走入東海岸之溟州（今江陵）高麗兵追之，復入登州（今安邊）殺其守將，轉經咸州（今咸興）而入女眞之地。金與高麗之國境，起於定州（今定平）之東都連浦，經定州與咸州之間，殆成一直線，而至鴨綠江邊義州之北，築有長城。當時金之曷懶路（今之間島及咸鏡道）全爲女眞土人所據。咸興平野，大半歸高麗所有。故所謂女眞之地者，蓋卽今之北青以北之地也。

（註一）參照元史卷一四九耶律留哥傳，及滿洲歷史地理第二卷二一七─二三八頁。

（註二）高麗史卷一〇三金就礪傳。然元史耶律留哥傳云：「丙子（十一年）乞奴，金山，青狗，統古與等推耶廝不僭帝號於澄州，國號遼，改元天威，以留哥兒獨剌爲平章，置百官。」今從高麗史。

（註三）高麗史金就礪傳云：「與金兵三萬戰於開州館，金兵不克，退守大夫營。」耶律留哥傳所謂「金蓋州守將衆家奴引兵攻敗之」者，非開州之戰，當指木華黎占領海州（卽澄州）前破契丹人事。

（註四）高麗史卷二二高宗世家云：「三年八月乙丑，契丹遺種金山金始二王子，遣其將鵝兒乞奴二人，引兵數萬，渡鴨綠江，侵寧朔定戎之境。」鵝兒，元史作鴉兒，並有金山乞奴之名：然金始之名，則絕未嘗見。元史卷二〇八高麗傳云：「太祖十一年，契丹人金山元師六哥等領衆九萬餘竄入其國。」洪福源傳（卷一五四）亦記有當時之契丹人數，可補高麗史之未備。但以六哥爲竄入高麗之契丹一將，則誤矣。六哥當爲留哥之異譯。

契丹人既入女眞，高麗軍已無復追擊之之勇氣。此年十一月，得女眞之兵復南下，至定州附近。適金就礪病，不能督軍，故豫州（定平之南）和州（今永興）等城相繼爲契丹人占領。當此前後，平安南北道諸城亦歸契丹人所有。先是契丹軍中諸將內訌不絕；乞奴既入高麗，未幾爲金山所殺。金山自稱遼東王，改元天德。又年餘，爲統古與所殺。統古與代之自立，不久又爲喊舍所殺。僅二年半而四易其主，（註一）軍不統一，又無節制，將卒各隨其所好而轉戰於東西，恣意掠奪，殆如草賊。高麗全土，蹂躪殆遍，大有疾風捲枯葉之概。然此種狀態，決不能久。後彼等漸疲於奔命，而成自滅之狀。十二年九月，（註二）契丹主力軍拔江東城（平壤之東）據之，然與散在各地之契丹人，不十分連絡，若遇精銳之軍，即可一舉殲之。當是時，太祖成吉思汗與東眞國王蒲鮮萬奴巧爲連合，以征討契丹賊爲名，進兵高麗，於是開蒙古經略高麗之端。

（註一）元史耶律留哥傳云：「耶廝不僭號七十餘日，金山二年，統古與喊舍，亦僭二年」。然金山之殺乞奴而自代爲太祖十一年八月以後之事，最後僭王喊舍之亡在十四年正月。其間不足二年半，元史所謂二年云云，亦略舉整數耳。

（註二）元史高麗傳。但高麗史卷一〇三趙冲傳及金就礪傳，則以契丹人之據守江東城，繫於高宗五年，即太祖十三年，與元史不同。但後者明記其月次，似有根據。元史對於此事之記載，多不可信，此處姑從元史，仍待考。

蒙古之經略遼西，在木華黎之手，大致完成。其經略遼東，則無大可觀。十一年秋，木華黎之軍風靡遼東半島諸城，金人契丹人，皆遠逃於鴨綠江邊。契丹人尋渡江而入高麗，占據咸平之蒲鮮萬奴，亦棄城而徙於東方。故是年之末，遼東之地，概入蒙古之勢力範圍，殆無庸疑。然蒙古人未能久占其地，遼西錦州城，雖曾被木華黎占領；未幾即被金人恢復。至十三年五月，始再得之。前後約二年之間，未在蒙古人之手。又與錦州同年降蒙古之遼東半島諸城，其後亦被金人恢復。其確歸蒙古所有者，則太祖十九年以後之事也。故太祖時代，蒙古之經略遼東根柢異常薄弱，可以想見。蓋蒙古當時，專以經略中國方面爲用兵之目的，對於滿洲方面尙無充分之餘力也。即木華黎之攻略遼西遼東，亦只欲確立占領中國北部之策耳。爾後木華黎專轉戰於中國內地，以苦金人，未遑顧及滿洲方面。（註一）然以太祖之雄才大略，對於經略遼東之全無效果，豈肯置之度外耶？故得契丹人蹂躪遼東高麗之機會，即欲恢復舊業也。先促耶律留哥出征遼東，今又遣二將赴援高麗者，皆此故也。當是時也，蒲鮮萬奴自立而稱東眞國天王，頻攻四隣。所懼者，金人之追討耳。故在敵金一點上，蒙古東眞之主旨相同。且欲統屬鴨綠圖們二江之女眞民族者，本萬奴之宿志。而欲在遼東斬除金人勢力，樹立蒙古勢力者，又太祖之熱望也。兩方欲達此目的，故對高麗皆不能不有所劃策。即兩方皆一面欲敵金，一面欲平契丹人，以市恩於高麗也。是故蒙古與東眞，雖嘗一度以干戈相見，至是又連合而出兵高麗。

（註一） 詳見滿洲歷史地理第二卷二四三四頁。

太祖十三年（高宗五年）秋冬之交，蒙古東眞之連合軍由今之咸鏡道方面，（註一）入高麗之東北面，蒙古兵一萬，哈眞札剌二將率之，東眞兵二萬，完顏子淵率之。先襲和州，擊走契丹人。於是西向而攻孟州順州德州等城，悉下之。十二月初，將迫江東城，會大雪，糧道不繼，契丹軍亦堅壁爲持久之計。哈眞大憂，遂遣使至高麗元帥府，要求糧食。所謂元帥府者，蓋指當時西北面元帥趙冲之官衙。而趙冲殆居於西北面之首府平壤（卽西京）者。趙冲許之，使部將金良鏡（後改名仁鏡）率精兵一千，送米一千石。十四年（高宗六年西歷一二一九年）正月，與兵馬使金就礪共督高麗軍至江東城下，與蒙古東眞兩國之軍，協力攻之，是月十四日陷之。（據高麗史世家趙冲傳，金就礪傳）僞遼王喊舍自殺，城中官吏士卒婦女凡五萬餘人出降。喊舍之妻子及官吏百餘人皆被殺，餘悉免死。契丹之男女七百人，及被虜在城之高麗人二百，高麗取之。其他則由哈眞等率之而西，留於臨潢附近，歸耶律留哥管轄。高麗趙冲亦分送契丹之俘虜於國內州縣，使居於人民鮮少之地，給以田土，使營農業，俗稱爲「契丹場」云。

（註一）據高麗史高宗世家趙冲傳。然據洪福源傳及高麗傳，福源之父大宣，當時爲麟州都領。蒙古軍來時迎降，而共攻江東有功云。麟州，卽今新義州之東麟山場。則蒙古軍似渡鴨綠江下流，由西方向江東城進軍者。迎降之語，雖見於元史及高麗史洪福源傳，而元史高麗傳則云「詣軍中降」，可解爲至江東城下請降者。元史記載太祖時代經略高麗事，極簡略而多誤謬，遠不及高麗史之精確。是以吾人對於洪大宣（高麗史作洪大純）之迎降，不解爲在麟州迎蒙古軍者，而解爲由麟州東進詣江東城下之蒙古軍中而降者。因不欲與高麗史相牴觸也。

（註二）據高麗史趙冲傳元史所記蒙古援高麗事中，肯者少，今其舉二三以供參考。耶律留哥傳云：「戊寅（太祖十三年）留哥引蒙古契丹軍及東夏國元帥胡土兵十萬，圍喊舍，高麗助兵四十萬克之，喊舍自經死，徙其民於西樓，自乙亥歲（太祖十年）留哥納款，遼東反覆，耶廝不僭號七十餘日，金山二年，統古與喊舍亦僭二年，至巳卯（太祖十四年）春，留哥復定之。」據此文，留哥似爲攻擊江東城連合軍之總司令官。然高麗史則絕不見其名，故不足信，且據高麗史謂「蒙古東眞」（元史作東夏者誤也。「胡土」爲完顏子淵之女眞名）兩國連合軍，數凡三萬；而茲作十萬，卽解爲東眞之兵數，或解爲蒙眞連合軍之總數，皆較高麗史相差頗多。至謂高麗兵四十萬，則全不可信。據高麗史，則當時之連合軍，亦決未嘗兵少，金就礪傳云：「賊勢窮入保江東城」，只因大雪糧食缺乏，故要求高麗接濟耳。十四年正月，高麗軍來參加，雖屬事實；但由當時之狀勢言之，謂爲四十萬大兵實太過。卽云四萬，猶恐不確。若果率此大軍參加，則江東城之陷落，不可不歸全功於高麗矣。趙冲等雖爲小國之將，何以由哈眞之手，得捕虜七百人，卽滿足耶？又高麗若能咄嗟之間聚集四十萬大兵，何至使草賊一般之契丹人蹂躪三年之久耶？是留哥傳之記載，不足信也。元史太祖紀及高麗傳，以留哥（六哥）爲據江東城之契丹首領，是明與喊舍（高麗史之撼捨）混同也。（元史洪福源傳，謂攻江東城，降其元帥趙忠，是又以高麗元帥趙冲與喊舍混同也）要之留哥與攻擊江東城事，殆無關係。然則何故有此誤傳乎？蓋哈眞等率契丹俘虜約五萬西歸時，途過臨潢。臨潢爲留哥所居，而契丹人之故地也。留哥本契丹人，因留此等俘虜之大半，附與留哥，委其統率；留哥乃置之於西樓（臨潢之東南）留哥傳有「徙其民於西樓」，殆傳此間之消息者。殆因此事，遂誤傳留哥東征歟？

元史太祖紀十三年條云：「契丹六哥。據高麗江東城，命哈眞札剌率師平之，高麗王瞰（高宗）遂降，請歲貢方物。」六哥爲留哥之異譯，而與喊舍混同者，已如前述。然江東城陷落事，高宗與蒙古約歲貢事，皆十四年之事也。又高麗傳云：「十三年，帝遣哈只吉劄剌等領兵征之。國人洪大宣詣軍中降，與哈只吉等同攻圍之。高麗王瞰親奉牛酒，出迎王師，且遣其樞密院使吏部尚書上將軍翰林學士承旨趙冲，共討滅六哥劄剌。與冲約爲兄弟…」。

哈只吉，卽太祖紀及高麗史之哈眞，又作河稱；劄剌卽札剌，又作札臘；蒙古二將之名也。然本傳於前引之文之後，又稱二將之名爲合臣劄剌，蓋疑係別人歟？可謂粗漏甚矣。又謂高麗國王親迎蒙古軍者，亦非事實。實趙冲等率兵參加於連合軍，當江東城陷落前後，哈眞等使者，赴開京謁國王也。又謂劄剌趙冲相約爲兄弟；但據高麗金就礪傳，乃哈眞與趙冲金就礪結兄弟之約也。兩國將軍等聯歡事實，詳於本傳。要之若將元史關於此事之記載，與高麗史一一參照而批判之，難從者頗多。

江東城陷落後九日，蒙古軍主將哈眞，遣蒲里帒完等十人，齎詔謁高麗王高宗，締結蒙麗兩國協約。高麗謝平定契丹賊之恩，對蒙古講投拜之禮。約定每年進獻貢賦，但當時之遼東，猶有金兵屯營，往來不便，故約定高麗不遣使，由蒙古遣使至高麗受納貢賦。蒙古使者，每年不得超過十人；使者必經由萬奴之地，卽東眞國而來。屆時高麗應交付所定貢賦云。（註一）自是蒙古受貢使，皆經今之間島及咸鏡道至高麗而受貢。使者之數，則未按規定，常在十人以上。太祖十四年九月十一人；十六年八月十三人；九月二十三人；十月七人；十二月三人；十七年八月三十一人；十九年正月十人。而十五年及十八年，則無一人來。由此觀之，十四年之協約，關於此點，不過形式，而皆任蒙古之意耳。貢賦之品目數量似未曾協定。即令曾有協定，亦未能完全實行；蓋蒙古常作過重之要求也。又個人之要求亦極酷。例如十六年（高宗八年）八月之著古與，奉蒙古皇太弟（即帖木哥斡赤斤）之命，要求獺皮一萬領，細紬三千匹，細苧二千匹，緜子一萬觔，龍團墨一千丁，筆百管，紙十萬張，紫草五觔，葒花，藍筍，朱紅各五十觔，雄黃，光漆，桐油各十觔。而元帥扎剌及蒲黑帶（殆即蒲里俗完）又要求獺皮，細紬，緜子等物。其誅求無厭之狀，可以想見。又蒙古使臣，對於高麗態度，又頗驕慢。即如十四年正月，蒲里俗完入開城時，勅使以下文武百官，雖禮裝排班出迎，猶作不滿之色，不肯入賓館，謂國王應親自出迎。後百方慰撫，始止。翌日內參時，服蒙古裝，佩弓矢而入，出懷中之書，執王手而授之。王色變，左右大恐，無敢近者。會一侍臣極言之，始改高麗衣冠，入殿而揖，終不拜。（註二）十六年八月，至高麗之著古與，主張一行二十一人上殿傳命；王只許一人進謁。交涉結果，雖許八人；而將前年所與之紬布，投棄王前。且不肯赴宴。高麗君臣，雖痛恨彼等之無禮，而無可如何。

（註一）據高麗史卷二三高宗世家壬辰十九年冬十一月，高宗上蒙古太祖之陳情書。元史高麗傳，雖云「劄剌與（趙）冲約爲兄弟，冲請歲輸貢賦；劄剌曰，爾國道遠，難於往來，每歲可遣使十人入貢」云，然與趙冲約爲兄弟者，乃哈眞非哈剌也已如前述。又哈眞爲蒙古主將，劄剌爲副將，與議趙冲歲貢之事者，當爲哈眞。又「入貢」二字，當作「取貢」「受貢」，試觀陳情書自明。又據高麗傳，歲貢事似哈眞與趙冲議定者。高麗史金就礪傳，亦謂礪於江東城下，與哈眞等相會時，遙拜蒙古皇帝。哈眞札剌與趙冲金就礪交歡之後，訂盟曰：「兩國永爲兄弟，萬世子孫無忘」云。由此推之，兩國將軍締結協約，已無疑義，而盟約之確定，則當在蒲里帒完謁見高宗之日。高宗世家所謂六年正月庚申，哈眞遣蒲里帒完等十人，賫詔來請講和者，殆卽指此。

（註二）此據高宗世家。然金就礪傳云，哈眞曰，「我等來自萬里，與貴國合力破賊，千載之幸也。禮當往拜國王，吾軍頗衆，難於遠行，但遣使陳謝耳」。此爲蒙麗兩將，意見投合之事實，足爲後日之絕好談資，可見此爲曾加修飾之辭也。

自是蒙古每年派受貢使至高麗受貢，高麗亦善從其命。及至太祖二十年（高宗十二年西曆一二二五年）蒙古使臣遭難事起，兩國國交遂絕。高麗史高宗世家曰：

甲申十一年十一月乙亥，蒙古使著古與等十八至咸新鎭（今之義州）……乙酉十二年春正月癸未，蒙古使離西京（平壤）渡鴨綠江。但賫國贐獺皮，其餘紬布等物，皆棄野而去。中途爲盜所殺。蒙古反疑我，遂與之絕。

時太祖自西域凱旋，方在途中。東歸後，又有親征西夏事。二十二年（高宗十四年）七月，崩於陣中。數年之間，蒙古對高麗，未起何等交涉。

## 第二章　太宗之征伐

太宗被選登蒙古合罕之位，繼父之志征伐金國。卽位之三年（高宗十八年西曆一二三一年），組織三軍，親統一軍而南。復使將軍撒兒台將別軍，向高麗問罪。

是年八月，撒兒台渡鴨綠江，降義州（當時名咸新鎭）屠鐵州，長驅而攻西京，不克。更南進而陷黃州鳳州。當此前後，又攻掠沿道諸城。十月，攻擊龜州安州二城。兩軍激戰，蒙軍被擊退於龜州。但終占領安州。先是撒兒台派勸降使赴王京，（開城）途中被平州官吏所執，檻送至京。撒兒台大怒。十一月，遣兵夜襲平州取之，悉殺州吏，屠其民，燒城市，以甘心焉。更下命逼王京。既而蒙古諸軍相繼來會。十二月初，王京陷於重圍之中，運命迫於旦夕。於是高宗屈服，親見撒兒台之使者，而覽勸降書。

是月五日，遣王弟淮安公侹至安州，見撒兒台乞降。

玆暫停記事之筆。先就那珂博士及屠寄氏關於此次媾和之見解，加以批評如下；據兩氏之見解，謂「高麗王高宗因是年九月蒙古使者阿兒禿洪福源來諭，於是先使弟淮安公侹請和。繼而平州被屠，王京被圍，十二月始乞降。」（註一）然九月請和事，實無何根據。而元史太宗紀三年條曰：「是月（八月）以高麗殺使者，（高宗十二年著古與遭害事）命撒禮塔（即撒兒台）往討之，（八月二十九日圍咸新鎮屠鐵城）取四十餘城。高麗王暾（高宗）遣其弟懷安公請降。撒禮塔承制設官，分鎮其地，乃還。」而洪福源傳云：「辛卯（太宗三年高宗十八年）秋九月，太宗命撒禮塔討之，福源率先附州縣之民，與撒禮塔併力攻未附者。又與阿兒禿等進至王京，高麗王暾，乃遣弟懷安公（即元史王珣傳及高麗史之淮安公。因懷淮同音也。）請降。遂置王京及州縣達魯花赤七十二人以鎮之，師還。」按本紀作八月者，蓋指撒兒台渡鴨綠江圍其左岸咸新鎮之時。傳謂九月者，或者誤記月次，或指洪福源與撒兒台軍會合之時者。參照高麗史世家所記之軍事行動，自易推定。至前兩記事之開始，雖記有月次，但既不能解爲此事之結束（即蒙古軍之凱旋）在此月，又不能解爲高麗之乞降在此月事實上，九月請和說可以否定之理由有四：（一）在九月之末以前，不能想爲高麗四十餘城已沒於蒙古軍。蓋撒兒台之圍咸新鎭及屠鐵州，在八月二十九日。假令請和之事在九月末日此間僅一個月，無論蒙兵如何之強，麗軍如何之弱，欲於此短時日間拔四十餘城實不可能。況自八月以來至九月末之沒於蒙古者，據高麗史所舉僅義鐵龍宣郭黃鳳七州而在龜州西京二城，又被擊退耶？（二）由全戰局觀之，高麗在九月末日以前，尚無請和之必要。高麗於九月二日，有關於防禦蒙軍之朝議。議決大軍以九日發王京而北進。十月二十日，龜州被敵軍包圍，翌日力戰擊退之；高麗大軍，以是日達安州。適値蒙古軍來攻，激戰之後，高麗軍敗退。高麗若有講和之事，當在安州戰敗以後。（三）由平州事件推測之，九月請和之說，亦難成立。十月一日，蒙古使者二人至平州，州吏囚之，乞命於朝，朝議紛紜，或謂當殺之，或謂當問其前來之理由。遂於是月二十日，送至王京。撒兒台聞之大怒，遣兵襲取平州，屠之。此爲十一月二十八日之事。若高麗已於九月請和，則十月初不能有囚蒙使檻致王京之暴行。再觀其有殺之之主張，猶可證明當時兩國尙在敵對中也。（四）高麗朝廷，在十月以前，尙不知蒙古軍來寇也。據高麗史，西北邊之蒙古兵，高麗不以爲眞蒙古軍，而疑女眞人假稱蒙古以侵掠者。至十月二十日平州送蒙古使者來，始知爲眞蒙古云。（註二）如是則九月中不應有向蒙古請和事。阿兒禿洪福源等之至王京，招諭高麗王，至早亦爲十月三十日以後之事。據高麗史高宗世家，是年十一月十一日，分臺御史閔曦自北界還，上復命書云，「曦與兵馬判官員外郎崔桂年承三軍指揮往犒蒙兵。有一元帥，自稱權皇帝，名撒禮塔。坐氈廬，飾以錦繡，列婦人左右。乃曰，汝國能固守則固守，能投拜則投拜，能對戰則對戰，速決了也。汝職爲何？對曰分臺官人。曰，汝是小官人，大官人速來降」云。雖曰犒蒙兵，但以撒禮塔（撒兒台）之語氣察之，曦蓋帶請和之命而往見撒禮塔者。而撒禮塔之語意，則爲守降戰三者自擇其一，和則我不知之。閔曦被拒而歸。此實十一月之事。是時高麗所以有請和之議者，決非偶然也。吾人以是爲講和之發端；至十二月，始成立者。

（註一）那珂博士摘錄元史高麗史之記事，述蒙古與高麗之關係，註於成吉思汗實錄卷十二，有云：「三年辛卯八月，以高麗殺使者，命撒禮塔率師東征。（太宗紀）吾也而薛闍，王榮祖，移剌買奴等從之。（吾也而傳，留哥傳，王珦傳，移剌捏兒傳）圍咸新鎭，屠鐵州。（高麗史）西京郎將洪福源，（大宣子）迎降于軍，獻所率編民千五百戶，導撒禮塔攻州郡未附者。（洪福源傳，高麗傳）九月，過西京，入黃、鳳州，陷宣、郭州。（高麗史）取城凡四十餘。（太宗紀）使阿兒禿與福源抵王京，招諭高宗，遣弟懷安公侹請和。（高麗傳）十一月庚戌，蒙古兵屠平州。辛亥，元帥蒲桃迪巨唐古等領兵至京郊。王遣御史閔曦犒師。十二月壬子朔，蒙古軍分屯京城門外，遣閔曦復犒之。癸丑，撒禮塔遣使入闕，付文牒諭降。丙辰遣淮安公（即懷安公）侹以土物遺撒禮塔。甲戌，撒禮塔復送牒，徵索甚鉅。庚辰，王獻國贐，遣使上表辨疏。（高麗史）撒禮塔遂承制置京府及州縣達魯花赤七十二人以鎮之。（太宗紀洪福源傳）……」屠寄蒙兀兒史記札剌亦兒台傳，殆全與此同。

（註二）高宗世家辛卯十八年條云：「冬十月壬申，郎將池義深押平州所囚蒙古二人到京。一是蒙古人，一是女眞人，自此國家始信蒙古兵也。」文大傳（卷一二一）云：「文大，高宗十八年以郎將在瑞昌縣，爲蒙古兵所虜。蒙古至鐵州城下，（時八月末）令文大呼諭州人曰：眞蒙古兵來矣，可速出降。文大乃呼曰，假蒙古兵也，且勿降。蒙古人欲斬之，使更呼，復如前，遂斬之。蒙古攻城甚急。」趙叔昌傳（卷一三〇）云：「趙叔昌平章事冲之子。高宗十八年以防戍將軍在咸新鎭，蒙古元帥撒禮塔來圍鎭。……遂以城降。……蒙古人所之，令叔昌先呼曰：眞蒙古也，宜亟出降。至鐵州城，……蒙古遂屠其城。」

然則那珂博士等何以立九月請和之說乎？吾人以爲實被元史高麗傳所誤。高麗傳云：

太宗三年八月，命撒禮塔征其國。國人洪福源迎降於軍，得福源所率編民千五百戶，旁近州郡，亦有來歸者。撒禮塔卽與福源攻未附州郡，又使阿兒禿與福源抵王京，招其主瞰。瞰遣其弟懷安公侹請和，許之。置京府州縣達魯花赤七十二人監之，遂班師。十一月，元帥蒲桃迪巨唐古等領兵至其王京，瞰遣使奉牛酒迎之。十二月一日，復遣使勞元帥於行營。明日，其使人與元帥所遣人四十餘輩入王城，付文牒。又明日，瞰遣侹等詣撒禮塔屯所犒師。

此謂撒禮塔之出征在八月，與太宗紀同。以下殆完全與洪福源傳相同；惟改「請降」爲「請和」，又加入「十一月……犒師」之文耳。「此十一月……犒師」事略與高麗史世家之記載相同，殆出於同一史料。然若參照高麗史之文，則此文實爲蛇足。蒙古第一次征伐高麗之顛末，至遂班師一語，首尾已完。卽太宗紀之記事最簡，洪福源傳之記事稍精，而較之高麗史之記載，皆不免略筆。然筆雖略而事實未誤也。至於高麗傳「十一月……犒師」八十字，不過將史料之一部，漫然插入者耳。因插入此段，故將太宗紀洪福源傳之「請降」改爲「請和」也。編高麗傳者，可謂太無責任心矣。

要之撒兒台，（撒禮塔）以太宗三年八月，渡鴨綠江入高麗。十月末，在安州破高麗主力軍。十一月，高麗閔曦等來乞和不許。十二月初，包圍王京，及高宗出而迎勸降使阿兒禿洪福源等，（註一）始與淮安王侹（註二）相見於安州之屯所許之。元史太宗紀洪福源傳之記載，雖云過簡，猶傳事實之眞相。高麗傳之記事稍精，但其後半全爲蛇足。高麗史之記事首尾尤備；但淮安王見撒兒台乞降事，記述過簡，易於使人誤解，不無遺憾。

太宗三年（高宗十八年）十二月，高麗王高宗遣其弟淮安王侹，赴安州蒙古軍本營乞降，撒兒台許之。而在高麗之京府州縣置達魯花赤七十二監督行政，（註三）更留守備軍若干，（註四）四年春正月，（註五）自率大軍還蒙古。

（註一）高麗史高宗世家所謂蒙吏二人，殆卽指此。

（註二）監察御史宋國瞻隨行。高麗史卷一〇二本傳云：「蒙古元帥撒禮塔大擧入寇，王遣淮安公侹請和，國瞻從行。及至，與撒禮塔言辭色嚴正。撒禮塔嘉歎。

（註三） 達魯花赤，蒙古語 darughachi 之對音，有總督知事等意。此時達魯花赤七十二人，如何配置，不詳。若配置於高麗之各京各府各州縣，則七十二人未免過少；但非僅置於占領之四十餘城者，則無待言。

（註四） 成吉思汗實錄（祕史）卷十二云：「札剌亦兒台豁兒赤先曾出征於主兒扯惕，莎郎合思之處。有勅也速迭兒豁兒赤，爲其後援，而居探馬。」主兒扯惕，卽 Djurchet 女眞 jurchen 之複數也。莎郎合思，卽 Solangas。此處指高麗。（Solangas 詳見歷史地理第八卷第五號，白鳥博士新羅國號考）札剌亦兒台，當爲撒兒台 Sartai 之誤寫，或誤譯者。「豁兒赤」與「探馬赤」爲蒙古語，何語之對音不明；但前者爲箭筒士，後爲有鎭戍之義，殆無疑也。屠寄蒙兀兒史記之札剌亦兒台傳，根據上引祕史之文，記云：「以也速還兒領探馬赤軍，留鎭之。」但高麗史無也速迭兒之名，此人果守備軍之主將，駐屯高麗者否？不明。姑鈌疑。玆惟參照元史太祖紀「撒禮塔承制，設官分鎭其地，乃還」僅推定有置守備軍一事耳。

（註五） 十二月五日納降，翌年正月十一日蒙兵還。（高麗史世家）此一月餘，若有任命達魯花赤等事，不無太忙；但謂僅任命而未俟其赴任卽還者，亦無不可。再觀淮安公侹，首宰金就礪，大將軍奇允肅等慰送，則撒兒台蓋以此日發高麗（安州？）者。

於是高麗始解王京之嚴，召還禦敵諸軍。四月，遣上將軍趙叔昌侍御史薛愼赴蒙古，上表稱臣，且獻巨額之方物，然高麗君臣原無臣事蒙古之眞意，苟有機會可乘，卽將驅逐蒙古之勢力，而回復國家之獨立也。卽如龜州（守將朴犀）慈州（守將崔椿命）二城，始終抵抗蒙軍，終不肯降。蒙軍還後，因國王諭告，始肯開城。（龜州三月，慈州五月）殆因蒙軍尙有不可不防者歟？高麗朝臣中，早有持二月還都之說者。五月，有關於防禦蒙古之議，有守城拒敵之論，結果遷都說勝。六月，遂遷都江華島，稱爲江都，以暫避蒙古之銳鋒，而徐謀國勢之囘復。是年七月，使內侍尹復昌往北界諸城，使奪蒙古所置達魯花赤之弓矢。而復昌反被宣州之達魯花赤射殺。所謂奪弓矢者，語義頗欠明瞭；至少亦爲沒收武器，或奪其兵力之義。果爾，是明對蒙古示敵意也。又是年八月，西京守將等，似欲謀殺達魯花赤，遭市民之反對而未果。可知高麗朝廷，對待蒙古之態度矣。元史紀傳記遷都江華事，謂爲「高麗叛」，蓋不誣也。（註一）

（註一）　由宣州及西京事件推之，七十二達魯花赤，蓋專配置於北部諸州縣者。其守備隊極少。據西京事件，略可知之。元史高麗傳有「六月瞰盡殺朝廷所置達魯花赤七十二人以叛」等語，那珂博士已辯其誤。其大要云：對於達魯花赤之舉動，高麗史中，僅有宣州及西京二事。同書錄有自是年九月至十一月間高麗致蒙古皇帝及大官之書面七通，其中皆辯疏遷都江華島及闕朝覲等事之出於不得已者，無一語及盡殺朝官事。又高麗史及元史高麗傳，載有太宗五年詔歷數高麗五罪，然只摘舉瑣事，而未及此事。則其事爲妄傳已無疑。

高麗之叛跡既不可掩，故蒙古太宗於是年八月，（註一）再命撒兒台率兵東征。撒兒台渡鴨綠江入高麗，頻遣使者致書詰責。（註二）曰既和而遷都，無誠意也。默許國人棄城邑而逃於山島，無事大之意也。曰對達魯花赤作無禮之舉動而捕縛之，驕慢之極也。作無根之風說以騷動汝國之上下者，某某二人之罪大也，宜引渡之。曰近將伐萬奴，當出兵馬以助大軍。如是者，或詰責，或徵索，不一而足。高麗君臣極力辯疏，無所不至。蒙古之暴慢誅求，原屬可驚；高麗之善於回避，諄諄娓娓以答辯，辭令之巧，亦眞天下第一也。當是時，高麗北界諸城居民之避難者，或入海島，或竄山城者甚多，甚至州縣官民，悉行遷徙，城爲之空。而此等北界諸城，似概在洪福源指揮之下，供蒙古之用者。元史本傳云：「福源招集北界四十餘城遺民以待（大兵）」。此不能必謂與事實不符，至少福源亦居西京，或北方某城，招撫此等諸城遺民，以盡忠誠於蒙古也。故撒兒台大軍再至，福源以兵迎之，自爲嚮導，南進而降王京，拔南京（揚州，今之京城）更渡漢江，攻略南方也。（註三）然當攻擊水州（今之水原）屬邑處仁城（龍仁縣之南）時，撒兒台於十二月十六日，（註四）被高麗僧名金允侯者（註五）射殺，蒙古士氣大沮，副將帖哥（註六）引軍西還，（註七）洪福源獨留西京，管轄北部降附諸城。（註八）

（註一）元史太宗紀，洪福源傳，高麗傳。

（註二）據高麗史卷二三高宗世家十九年九月及十一月高宗答撒兒台之書，沙打，卽撒兒台也。元史洪福源傳雖云：「六月高麗叛，殺所置達魯花赤，悉驅國人入據江華島」，但從全國之人於一島，必無此事。高麗傳所謂「遂率王京及諸州縣民竄海島」，蓋稍近於事實。高麗史地理志將北界諸州人民入島事，繫於高宗十八年者，實誤也。參照朝鮮歷史地理第二卷一五八頁以下，滿洲歷史地理第二卷三三八頁以下。

（註三）東國輿地勝覽卷十，龍仁縣古跡，處仁城條云：「高宗時，遷都江華。元帝怒，遣兵問狀。元帥撒歹繫御史雜端薛愼於軍中，到松京，將渡江南下。愼謂撒歹曰，國諺有之，異國大官渡南江者不吉。撒歹不聽，抵漢陽山城，拔之。次至處仁城，爲流矢所中而死。元兵回到松京，謂愼有知識，遣入江華」。撒歹卽撒兒台，雜端爲御史臺之一官名。松京卽開城；南江當卽臨津江。漢陽山城卽當時之南京，揚州，今之京城也。

（註四）高麗史高宗世家，十九年十二月，高宗答東眞國蒲鮮萬奴書中有云：「至今年十二月十六日，水州屬邑處仁部曲之小城方與對戰，射中魁帥撒禮塔殺之……」

（註五）撒兒台之戰死，蒙古方面謂「中矢卒」（元史太宗紀）「中流矢卒」（洪福源傳，高麗傳）高麗方面，明記被名爲金允侯者射殺。高麗史卷一〇三金允侯傳曰：「金允侯高宗時人，曾爲僧，住白峴院。蒙古兵至，允侯避亂于處仁城。蒙古元帥撒禮塔來攻城，允侯射殺之，王嘉其功授上將軍，允侯讓功于人曰，當戰時吾無弓箭，豈敢虛受重賞？固辭不受。乃改攝郞將。」蒙兀兒史記引東國史記作金允佳。佳者侯字之誤。屠氏云，「金允佳之名。見東國史略。高麗史則云，有一僧射殺之，王嘉其功，授官。」高麗史世家有「有一僧，避難在城中，射殺之」等語，而無王嘉其功之語。同書收錄金允侯傳，已如前述，屠氏蓋失檢也。

（註六）據洪福源傳。而高麗傳則作鐵哥。

（註七）此時除隨帖哥西還者，及屬於洪福源麾下駐屯者外，似別有東北行而征伐東眞之一軍。高麗史高宗世家十八年條，平州所虜之蒙古使者所攜牒文云：「我兵初至咸新鎭，迎降者皆不殺，汝國若不下，我終不返，降則當向東眞去矣。」十九年十一月，高宗上蒙古之陳情表云：「其詔旨所及添助軍兵征討萬奴事。」十二月，以處仁城之戰勝報告於東眞國，中有「俘虜亦多，餘衆潰散，自是覩氣不得安止，似已同軍前去，然不以一時鳩集而歸，或先行或落後，欲東欲北，不可指定日期，又莫知向甚處去也，請貴國密令偵諜可也」等語。而元史卷一五〇王榮祖傳記榮祖與撒兒台共征高麗事後，又記曰：「進討萬奴擒之」，皆其證也。萬奴之被擒，東眞國之亡，雖在太宗五年（高宗二十年）九月；而皇子貴由率大軍出發漠北則在此年之春。由高麗來之蒙古軍蓋於夏季或秋季，與大軍會合，包圍南京。

（註八）元史洪福源傳云：「唯福源留屯」。高麗傳云：「其已降之人，令福源領之」。而高麗史高宗世家二十年五月條云：「西京人畢賢甫、洪福源等殺宣諭使大將軍鄭毅朴祿全，擧城叛」。則福源蓋自前年以來居西京者。高麗史所謂五月，殆十月之誤。謂洪福源自此時始叛高麗者亦誤。詳見後文。

高麗既殺蒙古之元帥，使其軍不得不撤退，於是高麗頓得勢，膽力遽壯，欲恢復北部諸州縣。五年（高宗二十年）冬十月，（註一）拜大將軍鄭毅（註二）等二人爲宣諭使，赴西京招洪福源。福源不聽，反殺之。於是高麗宰相崔瑀（註三）遣家兵三千人，與北界兵馬使閔曦共攻之。十二月，破西京，福源父弟及諸子皆被虜。福源率所部之民，倉皇走遼東。蒙古太宗，深嘉福源之忠誠，命居遼陽，使屯其部民於遼陽奉天之間。翌年，任福源爲管領歸附高麗軍民長官，百方招致高麗人，於是蒙古在高麗之勢力一時有掃地無餘之觀。而北界諸城經數次戰亂，疲弊已甚，全無防備。蒙古軍若再來，必與西京王京同歸所有，殆無庸疑。況東眞國之地又入蒙古；高麗東方亦與蒙古接境乎？於是高麗之前途，益陷於悲觀。

（註一）據元史福洪源傳及高麗傳。高麗史繫之於五月似誤而脫「十月」二字者。蓋此年春，蒙古軍征伐萬奴，九月平定之。蒙古大軍，集於今之間島，其一部必往復通過高麗之地。果爾，則謂高麗著手於回復西京在五月，未免過於大膽。卽十月亦只招降耳。其敢以兵力攻伐者，則在十二月。

（註二）鄭毅一作鄭顗。高麗史卷一二一有傳。

（註三）崔瑀後改名崔怡。

（註四）洪福源敗走之前後，達魯花赤七十二人運命如何，全無所傳。蓋當撒兒台戰死後，自罷而入軍伍，或歸國矣。

太宗五年九月，東眞國亡。六年正月，金國亦亡。蒙古或因處分此二國頗忙；或有他故；約一年間，對於撒兒台之戰死，洪福源之敗走，未有何等膺懲的出師之事。迨六年秋，荅蘭荅八思（註一）大會議之結果，使征宋軍之一部，先發而南向。七年，攻宋及征討西域諸軍，亦相繼出發。唐兀台（註二）所率之一軍，以此年之夏，出征高麗。唐兀台以屯營於遼陽之洪福源爲嚮導而東進，（註三）秋八月，深入而占領龍岡、咸從、三登等城。十月拔洞州。（今之瑞興）（註四）在此前後，別軍由東眞故地入高麗，攻略東北境。八年六月，蒙兵更渡鴨綠江而來，分屯於北界諸城。是月，先鋒早入黃州，信州（今之信川）安州（今之載寧）等地。十月，南進而遠至全州。九年無甚侵略。十年夏，蒙兵大掠東京。（慶州）彼等終不集中其兵力作攻擊江都之計，則知彼等固皆以掠奪爲目的也。（註五）於是高麗諸城，盡全力而各自防戰。（註六）

（註一） Dalan Tabas 在今之 Erdenidsu，昔之 Karakorum 之北，約十日里。

（註二） 元史王榮祖傳。而元史太宗紀高麗傳等及高麗史，皆作「唐古」。元史洪福源傳，作「唐古拔都兒」（Tangu Badur）

（註三） 據元史，移剌買奴，王榮祖，吾也而諸將從之。

（註四） 高麗史及元史高麗傳。

（註五）當時雖名爲大部隊，實不出三百人。有僅以二三騎轉戰於各地者。

（註六）當時高麗密招境上之女眞人漢人，防禦蒙古。據東國李相國集卷二八密告女眞漢兒文自明。然其效果如何，則無由知之。

十年十二月，高麗王高宗遣使至蒙古，上表乞撤兵。十一年（高宗二十六年）四月，蒙古使來，齎太宗詔諭，令高麗王入朝，同時實行撤兵。（註一）蒙兵西歸後，國王未曾入朝，自是年夏至翌年末，蒙使來促入朝者四次，高麗使亦四往，力言不能入朝之理由。十三年（高宗二十八年西曆一二四一年）四月，高宗以王族永寧公綧稱爲己子，與貴族子弟十人共入蒙古爲質。時綧年二十。是年秋，隨蒙古將軍吾也而至和林謁太宗（註二）後歸遼東，寓居洪福源之家。福源死後，奉元世祖之命，管轄高麗歸附兵民之一部，而治瀋州（今之遼寧）（註三）後終生仕於蒙古，未歸本國。（註四）

是年十一月，太宗以病崩於漠北。爾後數年之間，高麗謹事蒙古，兩國關係極爲圓滿。

太宗征伐高麗，前後三次，凡十一年。第一第二役，撒兒台率之；第三役，唐兀台率之。第一役講和之際，任命蒙古官吏駐高麗。第二役則不聞此事。第三役講和之際，亦當有此事，似未實行。（註五）蓋鑑於第一役之無效，反使高麗君臣深感不安，而誘發其敵愾心，故不欲再蹈覆轍也。

(註一)　唐兀台，殆卽同時還蒙古。

(註二)　元史吾也而傳，

(註三)　元史地理志瀋陽路條。

(註四)　元史王綧傳。綧二十歲時，至蒙古爲質子。至元二十年九月歿，壽六十一。

(註五)　後憲宗三年征高麗時，宣言將駐兵一萬，並置達魯花赤。因高麗求免而止。蓋自太宗征麗第二役以後，已無此事矣。

## 第三章　定宗憲宗時代

太宗時三伐高麗，每次促國王入朝，高宗不敢往。至太宗末年四月，以王族永寧公綧爲質，蒙軍始退。爾來四五年間，高麗使臣殆屢至蒙古，殷勤貢獻乎？抑蒙古因有選舉合罕之紛議，不遑外顧乎？

要之絕未聞有出兵東方之事。然至定宗卽位之年，卽高宗三十三年，高麗復遭蒙古之兵。爾後十三年間，殆無寧日。高麗史云：高宗三十三年冬，蒙古四百人入北塞諸城，深入遂安縣，托言捕獺（註一）由此發端。翌年七月，元帥阿母侃領兵屯鹽州（今之延安）此卽定宗之征麗軍也。而元史定宗紀，則絕無記載。洪福源傳僅云，「乙巳，定宗命阿母罕將兵與福源共拔威州平虜城」但乙巳乃定宗卽位之前年也，當爲丙午或丁未之誤。而高麗傳亦僅記曰，「當定宗憲宗之世，歲貢不入，故自定宗二年至憲宗八年，凡四命將征之，共拔其城十有四」。定宗征麗之理由，「在歲貢不入」；而高麗史在定宗卽位之元年二年，亦未見有高麗使者赴蒙古事。再觀所謂「自定宗二年」云云，則阿母侃（阿母罕）之入高麗，當卽此年。前所謂「蒙古四百人」云云者，殆卽其先發隊，或遼東方面之蒙古人恣意闌入者?；阿母侃來攻時，高麗王及其政府固守江都，諭北方諸城人民入海島避難。未幾定宗殂落，阿母侃似卽班師。自是至憲宗卽位之二年，絕未聞有蒙兵入高麗事。而高麗營宮闕於昇天府，又修江都城，方講求防禦之策。而相繼而來之蒙古使臣，皆要求出江都還開城；而高麗則常以饗宴與贈賂之手段，巧爲謝絕，未曾應其要求。憲宗二年冬十月（註二）也古受征討高麗之命，使阿母侃洪福源等諸將爲先鋒而東向。三年七月（註三）渡鴨綠江，八月屯於土山，（今之祥原）縱兵攻掠全州以北諸城。十月親自進圍忠州，未及拔之而北歸。（註四）四年正月，阿母侃之軍亦還蒙古。高麗國都解嚴。七月國王移於昇天府之新宮，延見蒙使。先是札剌兒帶（註五）新任爲蒙古之征東元帥；是月率兵五千渡鴨綠江而來。國王驚恐，復還江都。札剌兒帶之兵攻掠諸城，勢不可當。高麗史謂「此歲蒙古兵所虜男女無慮二十萬六千八百餘人，殺戮者不可勝計。所經州郡，皆爲煨燼。自有蒙兵之亂，未有甚於此時也。」（註六）五年，蒙兵屢至昇天府城外，江都屢戒嚴。自是年八月至六年十月，十五個月間，江都全未解嚴。高麗使者，屢至札剌兒帶屯所，乞其退師。札剌兒帶屢求國王出島相見，且促太子入朝。麗使言蒙軍若還，則出島入朝；札剌兒帶則主張出島入朝，方許退兵。交涉毫無結果。而蒙兵之攻掠各地者，亦無時或止。六年十月，蒙古使者徐趾來，傳命於札剌兒帶；於是迫江都之蒙兵，一旦退還北方。而漢江以北之掠奪戰，則仍繼續未已。江都屢布戒嚴令，殆無寧日。至七年夏，高麗權臣崔沆死，崔竩代之，亦於八年春被誅。於是高麗政權，始歸國王之手，對蒙方針亦稍變。遂遣王族永安公僖至札剌兒帶之屯所告之。但國王仍不肯入陸。其後又新來蒙古二將（註七）居平州附近，迫王答覆。札剌兒帶亦移屯開城。高麗遂屈服。九年（高宗四十六年西曆一二五九年）三月，遣使者朴希實等至開城見札剌兒帶，約定國王遷還舊都，太子入朝。四月，太子倎偕李世材金寶鼎等四十人，奉表赴蒙古。繼而蒙古使者至江都，著手毀城，札剌兒帶回蒙古，途中暴死。然高麗高宗仍未還舊都。是年六月病歿。太孫諶權監國事。翌年二月，太子倎（元宗）奉蒙古皇弟忽必烈（世祖）之命還國。四月卽位，猶託辭於營造開城宮闕，不肯遽出江都，因此屢受蒙古之詰問督促。王之十年（至元六年一二六九年）六月，權臣林衍等廢王，立王弟淐以擅政。是年十一月，世祖遣使責林衍等，元宗乃得復位。崔坦等以誅林衍爲名而作亂。翌年二月獻西京以下六十城於蒙古。世祖遣兵三千，使鎭西京。改西京爲東寧府。劃慈悲嶺爲蒙麗兩國之界。（註八）元宗乃知不能與蒙古爭。是年五月，始出江都，還舊都開城。高麗自是不敢復叛。忠烈王以後，內治外交，全受蒙古之教。

先是高麗東北面屢被蒙古及東女眞之侵略。憲宗八年（高宗四十五年）蒙將散吉普只等，率大兵而來。高、和、定、長、宜、文等十五州人民，皆避難於海島。龍津縣人趙暉，與定州人卓青，殺東北面兵馬使愼執平，以和州（今之永興）以北之地附蒙古。蒙古於是設雙城總管府於和州。使趙暉爲總管，卓青爲千戶，使掌此地軍民之事。

（註一）高麗史高宗世家三十四年條云：「去年冬蒙古四百人入北塞諸城，至于遂安縣，托言捕獺。凡山川隱僻無不覘知，國家以和好殊不爲備，至是百姓避匿者，並被驅掠，鮮有脫者。

（註二）據元史憲宗紀二年條云：「冬十月命諸王也古征高麗」。也古高麗史作也窟。高宗世家，四十年八月條，憲宗有「皇叔也窟」之語。蓋憲宗之父拖雷之異母弟也。

（註三）高麗史高宗世家。

（註四）也古，元史憲宗紀三年條作耶虎。但云：「冬十二月命宗王耶虎與洪福源同領軍征高麗。攻禾山、東州、春州、三角山、楊根、天龍等城。」（洪福源傳記事亦與此同）記事非常簡略。只將也古之軍於此年七月渡鴨綠江而南攻至忠州等事，總括而言之耳。而本紀謂是年春罷也古，又記此事於此，蓋編者誤認也古與耶虎爲二人也。據高麗史世家，是年十一月，也古因病北還。十二月忠州圍解。翌年正月，阿母侃之軍還蒙古。則也古當與阿母侃相前後而西還者。而元史憲宗紀三年正月條云：「諸王也古以怨襲諸王塔剌兒營。……罷也古征高麗兵，以札剌兒帶爲征東元帥。」由此觀之，也古以私怨襲塔剌兒之營被罷，非因病也。

（註五）元史憲宗紀雖云：「三年癸丑春正月，……諸王也古以怨襲諸王塔剌兒營，……罷也古征高麗兵，以札剌兒帶爲征東元帥。」但札剌兒帶之爲征東元帥，當在四年之春，憲宗紀四年條有「春……遣札剌亦兒部人火兒赤征高麗」等語，卽其明證。札剌亦兒部人火兒赤，卽祕史卷十二（成吉思汗實錄六二八頁）之札剌亦兒台豁兒赤。札剌兒帶卽札剌亦台之訛。憲宗紀更訛爲劄剌觪；洪福源傳及塔出傳書作札剌台；高麗史又作車羅大。高麗史高宗世家有「四十一年甲寅（憲宗四年）秋七月丁巳，安慶府典籤閔仁解還自蒙古，言帝使車羅大主東國。……壬戌，西北面兵馬使報車羅大等帥兵五千渡鴨綠」等語，則車羅大卽札剌兒帶，其爲征東元帥，在憲宗四年之春，愈可推定矣。又憲宗紀五年條云：「是歲改命劄剌觪與洪福源同征高麗。後此又連三歲，攻拔其光州安城、中州、玄鳳、珍原、甲向、王果等城。」洪福源傳則繫之於甲寅四年，當以傳爲正。編本紀者，因不悟札剌亦兒部人火兒赤，卽爲劄剌觪，故有此誤解。但洪福源傳謂甲寅年攻取光州等諸城亦誤，實爲自甲寅至丙辰三年間之事，當以憲宗紀爲正。

（註六）高麗史高宗世家四十一年條。

（註七）同上又四十五年六月條云：「己丑，蒙古余愁達、甫波大等各率一千騎來屯嘉郭二州。……甲辰，屯兵平州寶山驛。」

（註八）參照滿洲歷史地理第二卷東寧路條。

# 第四章　結　言

今將高麗王久居江都不肯入陸之理由，及蒙古之始終甘取消極政略之原因，研究如左，以作本論之終結。

高麗高宗以十九年六月遷都江華島，稱爲江都，此實權臣崔瑀之謀，冀避蒙兵之鋒者。人或歸過於瑀之專斷，而將其後連年被兵之責，全歸於瑀。然以愚見觀之，亦不盡然。高麗史卷一二九崔瑀傳曰「怡（瑀後改名怡）欲遷都江華，會宰樞其第議之，皆畏縮不敢言。夜別抄指揮金世冲排門入詰曰，松京（開城）自太祖以來，歷代持守，凡二百餘年，城堅而兵食足，固當戮力死守社稷，捨此將安都乎？怡問守城策，世冲不能對。集成（大集成）謂怡曰，世冲効兒女之言，欲沮大議，請斬之以示中外。……遂引世冲斬之。」當時之非議遷都者，蓋皆世冲之類，其意氣之壯，雖足稱許；而無何等禦敵之策，又將如何？崔瑀遷都論之動機，蓋亦在此。是故遷都之是非，殊難遽斷。爾來約四十年間，高麗王不敢離島，蒙古則百方威嚇，促其入陸。由是觀之，至少能證明遷都江華之非無義意矣。

蒙古之兵，連年入高麗。其入也，每傳詔促其入陸甚急。不聽，遂縱兵焚掠州縣。以蒙古之強，臨高麗之弱，本當一舉陷其都城，虜其王而歸。乃徒作大言，而不敢渡海者；非不欲渡，實不得渡耳。蓋蒙軍不慣海戰，又乏戰艦故也。由來北方民族之短處在水戰不熟，戰艦不足。故其後蒙古侵日本時，必先臣服高麗，而後有所謂文永之役。既滅南宋，而後有所謂弘安之役。江華島距陸極近，固非對馬海峽之比；而高麗浮船固守，時時演習海戰，(註二)嚴密準備，故蒙軍不能略取也。當時高麗西北面諸城人民，相率而逃於海島者，亦乘蒙古此種弱點耳。高宗薨，元宗立後九年，猶不入陸。元世祖詔責之曰：「向卿自請撤兵三年，當去水就陸。撤兵之請既已從之；就陸之期，今幾年矣？以前言無徵，是用為問，卿意必曰：捨險即夷，則慮致不虞，或未取信聽所止。……」云云，則元宗亦躊躇而不肯棄江都之險，而即開京之夷；世祖亦認江都之為形勝而不易克也。又想高麗國到處皆山，有都邑處，概有山城。敵人來攻，則入山城而抗禦。難攻易守，故反服不常，常使敵人疲於奔命。古來以兵力統一半島之難，實此故也。於是北狄之侵入半島者，往往作草賊同樣之行動，至以焚掠自慰。高宗時之契丹人，固不待言；卽來征契丹人之蒙古軍，亦無不然。想自太宗五年滅金後，蒙古兵之目標，在於南宋，又在西域。至世祖時，西域事略定，而前有阿里不哥之自立，後有海都之叛亂。蒙古之勇將猛卒，概向此等方面而去。征高麗者，若非羸兵，則無紀律之悍卒也。故蒙軍之暴行，與草賊同。此亦不能一擧而拔江都之一因也。

要之高麗王棄開京而入江都者，避蒙兵也。蒙古則以高麗此擧爲無誠意，頻促其去水就陸。同時又縱兵焚掠各地。於是高麗益據海島以自保。蓋高麗初亦覺悟對於蒙古當執臣禮，與對遼金同。及見蒙古之要求，非二國之比；乃一面以巧妙之辭令，和緩蒙古之徵索；一面乘蒙軍之弱點，以據守海島，無非極力用外柔內剛之手段，以擁護社稷耳。然則高麗國家，究有若干得失乎？此原非鄙見所能及。但自入江華後二十八年，始約定就陸。更經十一年，始還舊都，前後約四十年之久，皆以巧言飾辭，辯明自家之境況，時有使人起愚弄蒙古之疑。若果遂其愚弄，高麗君臣，當如何痛快乎？然雖無愚弄之餘裕，而辯明又辯明，借此遷延歲月，而不應彼之求，亦足使蒙古君臣煩悶焦慮也。試觀高麗史所收之往復文書，自知只此一事，彼等事大的外交之成功已大堪自慰。然則江華遷都之舉，決非偶然也。

## 附錄

### 一 蒙使著古與之遭難

蒙古之經略高麗，始於太祖。蒙古之征伐高麗，始於太宗。太祖之經略政策，以掃蕩契丹人，市恩於高麗；結果得其歲貢而達其目的。太祖二十年春正月，蒙古受貢使著古與，使命既畢而歸國，既渡鴨綠江，半途被人暗殺。蒙麗兩國之關係，一時頓趨險惡。高麗辯爲居住江外之女眞人所爲，而蒙古則謂高麗人承政府之意而爲者。於是國交斷絕。其時太祖因有他故，未及起問罪之師而崩。及太宗卽位，始實行之。太宗之高麗之目的，原在經略高麗以服屬之，與太祖無異。但既宣言因使臣遭難而出兵，則考察此事之交涉，而闡明其眞相，亦決非無益之舉也。

先觀蒙古方面之記錄；元史太宗紀三年八月條云；「以高麗殺使者，命撒禮塔往討之。」洪福源傳云：「壬午冬十月，又遣著古與等十二人，窺覘納款虛實，還遇害。」高麗傳云：「十九年二月，著古歟等復使其國，十二月又使焉，盜殺之于途。自是連七歲絕信使矣。」洪福源傳之壬午，明爲甲申之誤。但所謂冬十月者，若指使臣出發蒙古之月，則與高麗史所謂「十一月乙亥，蒙古使著古與等十人至咸新鎭（鴨綠江畔之義州）」，不相牴觸。高麗傳之「十九年二月」爲「十八年某月」之誤。「十二月」爲二十年正月之誤。參照高麗史之記載，無庸疑也。又此二傳中或云「遇害」，或云「盜殺之。」而太宗紀則明記爲「高麗殺使者。」蓋當時蒙古朝廷，尚未能明事實之眞相，卽歸罪於高麗，以起膺懲之師者。更徵於高麗方面之記錄（卽高麗史）益爲明顯。此事之顚末，高麗史所傳史料，頗爲豐富，絕非貧弱之元史可比。尤以撒兒台入高麗後，致高麗王之牒文及高麗之答書；極堪珍貴。吾人對於蒙使遭難事，得知其委曲至某種程度者，實因此往復文書之存在也。

太宗三年八月末，撒兒台軍入高麗，遣使二人勸降。十月一日，蒙使至平州，州吏拘之以聞，後押送至開城。既而蒙軍迫開城，高麗大恐，釋放蒙使。十二月初請和，四日和約成。其前日，蒙使親呈國書於高麗王。其全文載在高麗史，國書爲俗語體，極難索解。其大意云：「保有天祐之皇帝，神聖不可侵犯之勅，：曰今命撒里打火里赤問汝等究竟欲降欲戰？丙子之年，契丹人闌入汝國，汝等不能防，我等遣札剌何稱二人爲汝等滅此強賊。於是汝等感恩而約歲貢而受貢使爪古與遭害於途。因欲調查其事，又遣使臣前往，而汝國人擬以弓箭而逐歸。可知昔殺爪古與者，無非汝等也。故今問罪而來。我皇帝勅曰：若汝等欲戰則力戰，勿假借；如欲降，則依舊安堵。殷鑑在四鄰諸國，速決順逆，而享汝等之禍福。茲以阿土爲使，送此牒文。」（高麗史卷二三高宗世家十八年十二月條）吾人讀此文書，得知兩件新事實。即著古與（爪古與）遭難後，蒙古曾特遣使者調查其事；而高麗抗拒之，擬以弓箭而逐歸。其一也。攜此牒文之使者爲阿土。阿土者，在平州被拘而押送開城之蒙使之一也。觀下文所引之文書可知。元史高麗傳有阿兒禿。（高麗傳云「又使阿兒禿與福源抵王京，招其主瞰。瞰遣其弟懷安公侹請和，許之」據傳文爲十三年八月至十月之事，實十二月之誤也）又據高麗史，是年十二月甲戌日，隨趙叔昌來之蒙使二人中有烏魯土。（高麗史卷二三高宗世家十八年二月條，謂：第二次問罪與徵索之蒙古牒文，以甲戌日達高麗。其末謂使者爲烏魯土只賓木二人）阿土，阿兒禿，烏魯土，皆屬同名同人，其二也。吾所以謂此爲新事實者，因元史紀傳，高麗史紀傳，絕未記載此事，只由牒文傳出者。果爾，則蒙古以殺著古與之罪，歸於高麗，並無不合。而高麗辯白之言，其辭令之巧，竟能使人不知是非曲直之何在。是年十二月庚辰，遣趙叔昌至蒙古屯所，送呈奏上皇帝之表文。如左：

伏念臣曾荷大邦之救危，完我社稷，切期永世以爲好，至於子孫。寧有二心，敢孤厚惠。伏承下詔，深疚中懷，事或可陳，情何有匿。其著古與殺了底事，實隣寇之攸作，想聖智之易明。彼所經由，亦堪證驗。其再來人使著箭事，前此哥不愛僞作上國服樣，屢犯邊鄙，邊民久乃覺其非。今春又值如此人等，方驅逐之。俄不見人物，唯拾所棄毛衣帛冠鞍馬等事。以帛冠之故，雖知其僞，尚疑之，藏置縣官，將俟大國來人辨其眞贋。今以此悉付上國大軍，則無他之意，於此可知也。又阿士等縛紐事，初不意結親之大國，乃無故加暴於小邦。擬寇賊之來侵，出軍師而方戰，忽有二人突入我軍。擬軍士不甚考問，捕送平州。人恐其逋逸，略加鐷杻，申覆朝廷。朝廷遣譯察視，以其語頗類上國，然後解械慰訊，兼贐衣物，隨譯前去。則初雖不明所致，其實亦可恕之。又哥不愛人戶於我國城子裏入居事，此等人嘗與我國邊人迭相侵伐，其爲寃讎久矣。邊民雖憂，豈容讎敵與之處耶？事漸明矣，言可飾乎？其投拜事往前河稱札剌來時，已曾投拜。今因華使之來，申講舊年之好。伏望乾坤覆露，日月照臨，鞠實察情，苟廓包荒之度，竭誠盡力，益修享上之儀。

表文大意，謂殺著古與者，隣寇所爲，非我所知，請觀著古與所經之路，與其遭害之地自明云。但其言過簡，難知其意之所在。幸四年冬十一月，高宗有上皇帝之陳情書，亦收入高麗史，可據以知前表所言之趣旨。其中有云：

越丙子歲（高宗三年）契丹大舉兵闌入我境，橫行肆暴。至己卯（高宗六年）我大國遣帥河稱（元史作哈眞）札臘（一作札剌，元史作札剌劄剌等）領兵來救，一掃其類。小國以蒙賜不貲，講投拜之禮，遂向天盟告，以萬世和好爲約。因請歲進貢賦所便。元帥曰：道路甚梗，你國必難於來往，每年我國遣使佐，不過十人。其來也可賫持以去。至則道必取萬奴之地境，你以此爲驗。其後使佐之來，一如所約。每我國輒付以國贐禮物，輸進闕下。獨於甲申年（高宗十一年）使臣著古與不以萬奴之境，而從婆速路來焉。然依舊接遇甚謹，又付國贐前去。其後使价之來者，稍至間闊。小國竊怪其故，久而聞之，則于加下遮出中路，殺了上件使臣所致也。如此已後，于加下僞作上國服樣入我北鄙，殘敗三城。萬奴亦攻破東鄙二城。其服色亦如之。自是踵來侵伐不絕。又萬奴與上國使佐之向我國者，給言高麗背你國，愼勿前去，使佐不聽，且欲知眞僞，遂便行李，則先遣其麾下人，僞爲我國服著及弓箭，遂伏兵於兩國山谷之間，潛候行李，出射趙殄。因令伴行人報云：「高麗所作如此，逆背明矣，請停前去」。因令還焉。然適有自萬奴麾下逃來王好非者，細說其事，故我國得知之。……

今將此表文分二段說明之。第一，辯明暗殺著古與事件。言高宗六年（蒙古太祖十四年）在江東城下與蒙古所結之約，大意謂「高麗蒙古兩國間通路中，有女眞人出沒，頗爲危險。高麗不能派獻貢使赴蒙古，蒙古當特派受貢使赴高麗。但此受貢使，必當經萬奴之地，卽東眞國之地域，而由高麗之東北面來。以此爲證而交付貢物」云。爾來五年間，蒙古受貢使，亦皆由預定之路而來。只第六年卽高宗十一年（蒙古太祖十九年）之受貢使著古與，背約違例，而由婆速路來，亦由婆速路而歸，婆速路者，金國遼東東境行政區劃之名，以婆速府（卽今之九連城）爲治所者也。（參照滿洲歷史地理第二卷三〇八——三一〇頁）高麗雖知其違反條約，然對大國使臣，不敢發生異議；仍依例鄭重迎接，交付貢物。爾後受貢使忽中絕，方以爲異。據後所聞，著古與歸蒙古後，途次在鴨綠江外之地被于哥下所殺。蒙古誤解爲高麗所爲，乃停止受貢使。但蒙古實完全誤解也。」是乃敷陳前次文書所謂隣寇之攸作之意者。第二，蒙古官吏因調查著古與遭害事到高麗，被高麗侮辱事，亦由此文書詳爲辯明。高麗大意言東眞國王蒲鮮萬奴，欲離間蒙古與高麗，常使其麾下服蒙古服裝，詐爲蒙古人，侵掠高麗。而此時又特着高麗服裝，潛伏於山谷之間，狙擊蒙古官吏。此乃萬奴麾下王好非逃至高麗自白者云。按于加下，當時稱爲金之元帥，據九連城附近。（參照滿洲歷史地理第二卷三一五頁）萬奴之兵，亦常出沒於鴨綠江下流。此等事，難保其必無。高麗所辯，或皆事實，亦未可知。高麗於文書之末又云：「而又大國常以于哥下萬奴之罪歸我，我國吾以自明，代他人受誣」云云。果如高麗所言，則高麗可謂沈冤莫白矣。而蒙古不信，一再征伐，未曾稍緩其攻擊，勢非高麗降服入貢不止。然則蒙古之不信，非眞不信也，殆佯爲不信，而借此爲口實，以使師出有名者歟？然詳究兩方之論調，蒙古之詰問，與其謂爲強迫的，寧謂爲率直的。高麗之辯明，與其謂爲眞摯的，寧有過巧之嫌。且由當時之情形察之，著古與及後來蒙使之遭難事實，不能謂爲必與高麗朝廷無關也。蓋契丹人之入高麗，實爲高麗非常之國難。蒙古與東眞連兵以救之，而滅此狂賊，原當感謝。但兩國之入援，非高麗哀請而來者，乃各欲扶植自家之勢力，恣意出兵，以干涉高麗之內事者也。而高麗無法謝絕，於是前門拒虎，後門進狼，一面江東城下，謝國家再生之恩；一面兩國又迫獻歲貢矣。東國李相國全集卷二八有蒙古兵馬元帥幕送酒果書，蓋高宗六年正月送哈眞元帥者。其中有云：「始聞賊入江東城自保，小國乃以爲此已圈牢中物耳，不足患也。」由此足知高麗君臣眞意之所在。乃江東城陷落後，約十日，蒙古元帥哈眞之使蒲里帒完以下十人，至開城締結條約時，蒙使態度極其暴慢。高麗史高宗世家記之曰：

六年春正月庚寅，哈眞遣蒲里帒完等十人，賚詔來請講和。王遣侍御史朴時允迎之，命文武官具冠帶，自宣義門至十字街，分立左右。蒲里帒完等至館外，遲留不入，曰國王須出迎。於是使譯者再三詰之，遂乘馬入館門。辛卯，王引見於大觀殿，皆毛衣冠，佩弓矢，直上殿，出懷中書，執王手授之。王乃變色，左右遑遽，莫敢近。侍臣崔先旦泣曰，豈可使醜虜近至尊耶？設有荆軻之變，必不及矣。遂請出。蒲里帒完等更服我國衣冠，入殿行私禮，但揖而不拜。……

高麗高宗，决非凡主，加以年少氣銳，見蒙使之無禮，當極懷恨。而侍臣之怨泣者，又豈只崔先旦一人乎？況其後蒙古違背條約，遣多數之受貢使，且於所定貢物外，又以皇族將軍之名，徵索無厭。稍不滿意，則棄之中途，甚至投棄國王之前。其屢來受貢而最暴慢者，實著古與其人也。其最後一次在高宗十一年十一月。翌年正月回蒙古，渡鴨綠江時，除獺皮外，又棄一切貢物於野而去。未幾即被害。高麗謂係于哥下所爲云云。下手之人爲誰，雖不可知，然若謂高麗政府完全不知，則不能無疑也。蓋暗殺之行爲，雖云卑劣，然弱者對強者之報復手段，唯有此耳。況遭害者，又爲高麗君臣所最視爲蛇蝎之著古與耶？由是察之，此次殺害，决不可謂爲尋常盜賊之所爲。至第二次蒙古官吏遭難事，其事之年月，及官吏之姓名，雖皆不傳；但實因調查著古與事件，奉蒙古朝廷之命而向高麗，途中在其國境附近被狙擊者也。高麗謂萬奴之部下所爲；且以萬奴部下新降高麗之王好非之言爲證。然東眞國蒲鮮萬奴，乘成吉思汗西征，與蒙古斷絕國交，方遣使報高麗事，在高宗十一年正月。而以同年同月及十一月，至高麗之蒙古受貢使著古與，未經東眞國而由婆速路而來，且當蒙古與東眞國交斷絕之後，乃謂東眞國人向蒙古官吏作忠告，事先可疑。東眞方欲乘蒙古之多事，希望扶植勢力於高麗，乃自假裝高麗人狙擊蒙古使者，而使蒙古速用兵於高麗，亦甚可疑。又據其辯白之言，謂出沒於鴨綠江邊之于加下及萬奴之麾下，常作蒙古服裝，僞稱蒙古人以侵掠高麗民戶。果爾，則可解爲邊民因怨恨僞蒙古人，乃殺眞蒙人著古與者。但此實不能爲高麗與此事無關之理由也。至第二次狙擊事，則辯爲萬奴麾下假裝高麗人者所爲，且以王好非之自白爲證云云。益令人起虛構之疑。又可怪者，十八年辯明書謂第二次之事爲哥不愛麾下所爲；十九年辯明書又謂萬奴麾下所爲。哥不愛，金史哀宗紀作葛不靄。紇石烈桓端傳作溫迪罕哥不靄，元史王榮祖傳作葛不哥。此人乃金之平章政事，哀宗正大三年（高麗高宗十三年）受命統遼東軍事，討伐蒲鮮萬奴者也。本不能與萬奴混同。而其辯明書前後矛盾竟如此。而第二次較第一次事實尤詳。蒙古不信，謂其虛構捏造，欲以巧言諛辭相欺瞞者，非無理也。

據以上理由觀之，故不能謂前後二次蒙使遭難事與高麗政府無關，且可推測爲出於其命令，或嗾使者。

## 二　撒兒台與札剌亦兒台

屠寄蒙兀兒史記，有札剌亦兒台傳。其開始數行曰：

札剌亦兒台豁兒赤，（上五字其名下三字官稱。見蒙文祕史卷十二，舊史太祖紀作劄剌）札剌亦兒氏，以氏爲名，亦稱撒禮塔。佩櫜鞬侍成吉思汗。歲丁丑，契丹遺種乞奴、鴉兒、喊舍等驅遼東民渡鴨綠江，竄據高麗江東城。明年，汗以哈眞爲元帥，札剌亦兒台副之。（哈眞疑卽札剌亦兒台之本名。然舊史高麗傳，以哈只吉劄剌爲二人，姑仍之。）率蒙兀軍，兼督耶律留哥契丹軍、東夏國元帥完顏子淵軍，統十萬人討之。……

卽屠氏（一）以祕史卷十二（成吉思汗實錄六二八頁）之札剌亦兒台豁兒赤（Djalairtai Khorchi）（豁兒赤一作火兒赤，火而赤、火魯赤、火里赤等。成吉思汗實錄譯爲箭筒士）與元史之撒兒台（Sartai）撒禮塔（Sarita）撒里台（Saritai）等爲同一人。（二）以哈眞與陷江東城之將軍劄剌（元史高麗傳有劄剌。將劄作劄，蓋屠氏之誤寫也。）爲同一人。（三）謂哈眞爲札剌亦兒台之本名，所以名札剌亦兒台者，以哈眞爲札剌亦兒部人，故爲其別名云。然吾以爲屠氏之見解，似失正鵠。今順次批評如下：

一　札剌亦兒台爲撒兒台之說　屠氏此說，似根據沈曾植之親征錄註。沈氏曰：「曾植案征高麗者，祕史爲札剌亦兒歹豁里赤，與此撒哈塔（蓋撒禮塔之誤寫）火兒赤蓋一人也。史（元史）塔出傳，蒙古札剌兒氏，父札剌台歷事太祖憲宗。」沈氏之意，似以塔出傳之札剌台，擬於札剌亦兒台，及撒禮塔者。果爾，則沈氏引用塔出傳記事時，蓋忘却札剌台記事之後半矣，此不得不謂爲輕率也。傳中承前文云：「歲甲寅（憲宗四年）奉旨伐高麗，命桑古忽剌出諸王並聽節制，其年破高麗連城，舉國遁入海島。己未（九年）正月，高麗計窮，遂內附，札剌台之功居多。」即札剌台以憲宗三年癸丑代也古爲征東元帥，四年出征高麗。元史憲宗紀作札剌亦兒部人火兒赤，又作札剌帶，又作劄剌解。高麗史屢用車羅大之譯音，則與太宗三年始出征翌年再征而戰死之撒兒台，完全爲兩人也。

由字音轉訛上言之，札剌亦兒(Djalair)可轉爲爲札剌兒(Djalar)札剌亦兒台(Djalair-tai)可轉爲札剌兒台，(Djalartai)已無待言。又因札剌兒台得轉爲札剌台(Djalatai)遂謂塔出傳之札剌台（憲宗紀之劄剌解）爲札剌亦兒（札剌伊而，札剌兒）部之人，故有此名。但札剌兒台（札刺兒帶）及札兒台，果可訛為撒禮塔(Sarita 撒兒台 Sartai撒里台 Saritai)否？則言語學家，已否定之矣。即令札刺亦兒台能為撒兒台，但秘史將受太宗命征高麗之將軍之名，記為札刺亦兒台，果可信否？亦不能無疑也。蓋 Sartai 之名之音譯，元史親征錄高麗史李相國全集東國輿地勝覽等書，有十種以上譯字；（註一）然一見之，皆不難知為一音之轉。惟此與他譯完全不同，其一也。秘史之記載，非絕對確實者，事實之，誤音譯之誤，皆常有之，其二也。Sartai 之音與 Djalairtai 之音相似，只此已易轉誤，其三也。據此等理由，將秘史之札刺亦兒台豁兒赤，認為撒兒台豁兒赤之誤寫或誤譯者，似較穩當。（註二）要之，太宗三四年征高麗軍之主將，決非 Djalairtai（又作 Djalartai Djalatai）而為 Sartai。（或 Sartai Saritai）（註三）

（註一） 撒哈嗒火兒赤，（親征錄）撒里塔火里赤，（元史吾也而傳） 撒里打火里赤，（高麗史高宗世家）撒禮塔，（元史太宗紀高麗傳）撒里塔，（元史洪福源傳） 剌里打，沙里打，（李相國集） 撒兒台，（元史耶律留哥傳）撒里台，（元史王珣傳） 沙打，（李相國集）撒歹，（東國輿地勝覽）等十一種譯音其首音為 Sa，而非 Dja 或 Cha。

（註二）那珂博士有此見解。（成吉思汗實錄六三四頁）

（註三）謂兒台爲札剌亦兒台部人若有明證則撒兒台之別名，呼爲札剌亦兒台，或札剌兒帶札剌台，亦不能謂爲必無之事。但此時仍不必認爲撒兒台爲札剌亦兒台乃至札剌台之轉訛也。

二　劄剌爲札剌亦兒台卽撒兒台之說　札剌亦兒台若既不可擬爲撒兒台，則以江東城下勇將劄剌擬爲撒兒台之說，自能消滅。又（一）呼此人之名爲Djala，元史高麗史皆同。（註一）（二）撒兒台之行事，與劄剌之行事兩書明有區別。（三）高麗史高宗十八年十二月，屯於安州之撒兒台使者，致高宗牒文中開始有「聖旨差撒里打火里赤（撒兒台豁兒赤）軍去者，問你每待投拜，待廝殺，鼠兒年（丙子年）黑契丹（金山金始等所率之契丹），你每高麗國裏討虜時節，你每選當不得了去也，阿每差得札剌（劄剌）何稱（哈眞）兩介引得軍來，把黑契丹都殺了……」等語，則撒兒台之非劄剌，已無容疑。（註二）

（註一）扎剌（元史太祖紀，高麗史趙冲傳金就礪傳）札剌，（元史福洪源傳，高麗史世家）扎臘，（高麗史高宗世家）劄剌、（元史高麗傳）劄剌。（高麗史高宗世家）

（註二）猶有一事應附記者，高麗史高宗世家二十年四月條，載有蒙古皇帝詔，歷數高麗五罪云：「自平契丹賊殺劄剌之後，未嘗遣一介赴闕，罪一也。」人或想及去年十二月十六日，撒兒台在處仁城被殺事，遂疑詔中所謂「殺劄剌」之劄剌，殆卽撒兒台乎？實決不然。何則，（一）平定契丹賊者爲蒙古，殺撒兒台者高麗也。若合此二事而成一言，則不成文法。虛心讀此文者，當能解爲平定契丹賊事，與殺劄剌事，爲同時或相關連而起者。劄剌或卽契丹賊之名。卽劄剌，當爲喊舍。（或喊捨）而誤與攻擊軍之一將軍劄剌（或札剌）混同者。（二）若爲責殺撒兒台事者，則其語氣，不可不更嚴厲。然蒙古以撒兒台之戰死爲中流矢者，未有擧此以問高麗之罪之意也。又曰：「命使賫訓言省諭，輙敢射回，罪二也。」卽言蒙古因欲調查受貢使著古與遭難事，曾於高宗十七年以前，派使前往，而又遭難，故問其罪也。又曰「爾等謀害著古與，乃稱萬奴民戶殺之，罪三也。」卽謂高宗十八年十二月上蒙古帝之陳情書，不可信也。又曰：「命汝進軍，仍令汝弼入朝，爾敢抗拒，竄諸海島，罪四也。汝等民戶不拘執見數，輙敢妄奏，罪五也。」此二罪事實不詳，蓋十八年十九年中之事。果爾，則所謂五罪者，乃按事件發生之前後而敍之者也，則第一條，爲關於占領江東城事，益無疑矣。

三 哈眞爲札剌亦兒台之說 屠氏之說，實愈出愈奇矣。元史高麗傳，除屠氏所指之「哈只吉劄剌」外，仍有「元帥合臣副元帥劄剌。」哈只吉之吉字可疑爲衍字。但與合臣同一人，則無疑也。（太祖紀有「哈眞札剌」）而高麗史之高宗世家趙沖傳等，「稱蒙古元帥哈眞及札剌。」李齊賢傳稱「哈眞札剌兩元帥」高宗世家所收之蒙古牒文中有「札剌何稱兩介」「河稱札臘。」則哈眞與劄剌爲二人而非一人，明證頗多。屠氏殆未檢索高麗史乎？或曾檢索以爲哈眞之名常見，札剌之名罕見，遂疑高麗與蒙古之交涉，爲哈眞一人所辦者歟？殆因趙沖金就礪等只有與哈眞訂交之語，遂出此想像之說乎？然而哈眞爲元帥，札剌爲其副，史中只以哈眞之名爲代表，已不待言。

要之撒兒台，與撒里塔，撒禮塔等，爲同名同人。而與劄剌札剌，則爲異名異人。與哈眞合臣，亦非一人。而將祕史之札剌亦兒台，認爲撒台之誤寫，實爲穩當之見解。屠氏乃混同之，而作札剌亦兒台傳，故不得不一言以辯之也。